LEONARDO BOFF

A voz do arco-íris

SEXTANTE

Caixa Postal 92.144 – Itaipava – Petrópolis – 25.741-970 – RJ – Brasil
www.leonardoboff.com

assessoria jurídica
Cristiano Monteiro de Miranda
e-mail: crismiran@terra.com.br

revisão
Antonio dos Prazeres
Clara Diament
Sérgio Bellinello Soares

capa
Moema Cavalcanti

projeto gráfico e diagramação
Marcia Raed

impressão e acabamento
Lis Gráfica e Editora Ltda.

CIP-BRASIL. CATALOGAÇÃO-NA-FONTE
SINDICATO NACIONAL DOS EDITORES DE LIVROS, RJ

B661v Boff, Leonardo, 1938-
A voz do arco-íris / Leonardo Boff.
– Rio de Janeiro: Sextante, 2004.

ISBN 85-7542-123-9

1. Civilização moderna – Século XX.
2. Teologia da libertação. 3. Antropologia
filosófica. I. Título.

04-0910. CDD 128
CDU 128

Editora Sextante (GMT Editores Ltda.)
Rua Voluntários da Pátria, 45 – Gr. 1.404 – Botafogo
22270-000 – Rio de Janeiro – RJ
Tel.: (21) 2286-9944 – Fax: (21) 2286-9244
Central de Atendimento: 0800-22-6306
E-mail: atendimento@esextante.com.br
www.sextante.com.br

Sumário

Introdução

"SE NÃO SOU NEGRO por raça,
posso ser negro por opção política.
Mesmo não sendo negro, posso assumir
a causa de libertação dos negros, defender
o direito de suas lutas, reforçar, como puder,
sua organização e sentir-me aliado na construção
de um tipo de sociedade que torne cada vez mais
impossível a discriminação social."

Reúnem-se neste livro trabalhos produzidos nos últimos anos, concebidos no marco do novo paradigma emergente, da re-ligação, da inclusão e do holismo. Esse novo paradigma alargou os horizontes da libertação e da reflexão religiosa sobre ele, a teologia da libertação.

Ademais, esse paradigma, base de um novo projeto civilizatório em curso, permite enriquecer também outras questões importantes, como a dignidade humana, a violência na sociedade contemporânea, as relações masculino/feminino, a singularidade da libertação a partir da cultura negra, a espiritualidade e a mística.

Vivemos tempos de urgência. Ou levamos a causa da libertação avante, incorporando novas perspectivas, ou nos condenamos a repetir os discursos passados, a ser apenas eco da voz dos antigos dominadores, hábeis em mudar de métodos para garantir sempre sua dominação.

Mas temos esperança, pois ainda há tempo para grandes transformações no estado de consciência das pessoas e nos processos histórico-sociais.

Estes textos querem reforçar esse sonho de libertação e alimentar a semente que já começa a vicejar por todas as partes do planeta Terra.

---

parte 1

Novas Fronteiras da Libertação

Crítica à pós-modernidade e resgate da subjetividade

O termo pós-modernidade surgiu, primeiramente, nos EUA, em função dos protestos políticos e culturais no fim dos anos 60, e teve sua recepção posterior na Europa. Nos EUA, expressou-se principalmente na literatura (L. A. Flieder), na arquitetura (Ch. Jencks) e nas artes. Na Europa, encontrou acolhida no campo filosófico, histórico e cultural (J. E. Lyotard, H. J. Türk, A. Huyssen, P. Feyerabend e, de certa forma, também em A. Glucksmann e em certos aspectos do pensamento de M. Foucault, J. Derrida e J. Baudrillard).

A pós-modernidade participa de todos os pós-ismos (pós-*histoire,* pós-industrialismo, pós-estruturalismo, pós-socialismo, pós-marxismo, pós-cristianismo, etc.) com aquilo que eles têm em comum: a vontade de distanciamento de certo tipo de passado ou a recusa a certo tipo de vida e de consciência, a percepção de descontinuidade sentida e sofrida no curso comum da história e a sensação de insegurança generalizada.

Numa perspectiva político-cultural, interpreta-se o fenômeno da pós-modernidade como um movimento de fuga em face da catastrófica situação provocada pela sociedade industrial, chamada de *moderna* (empobrecimento dos povos da Terra, desemprego generalizado, embrutecimento das relações sociais e cotidianas, guerras econômicas, conflitos étnicos, destruição do meio ambiente, etc). Trata-se da crise dos mecanismos de legitimação da ordem, presente em todo o seu espectro.

Com a expressão *pós-modernidade*, pretende-se passar a idéia de que, no meio da história, já atingimos o fim da história; de que, no meio do capitalismo, já estamos fora dele; de que, no meio do industrialismo, já o deixamos para trás; de que, no meio das estruturas de dominação, desapareceu de vez a dominação de povos sobre povos, de classes sobre classes, de pessoas sobre pessoas. Em que tempo estamos? Não estamos mais no tempo de ontem. Nem totalmente no tempo de hoje. Estamos no entretempo: o antigo não acabou de morrer e o novo não acabou de nascer. Por falta de um nome, fala-se de *pós-modernidade*. Talvez estejamos no curso de uma mutação qualitativa de civilização.

Como se relaciona a pós-modernidade com a assim chamada modernidade? Analistas vêem duas vertentes principais de compreensão.

A pós-modernidade: ruptura com a modernidade

A pós-modernidade seria uma ruptura completa com o projeto da modernidade. Esse projeto pode ser resumido na vontade de poder/dominação/enriquecimento, a partir da subjetivação do indivíduo branco, ocidental e cristão e da objetivação de tudo o mais, seja submetendo-o a si, seja destruindo-o, seja fazendo-o espelho do ocidental. O outro – como a mulher, como a cultura diferente, como o povo distinto, como a natureza – deve ser subordinado ao imperialismo da razão ocidental, ao poder do europeu ou norte-americano e aos interesses de sua leitura do mundo. Na economia, o mercado, hoje mundialmente integrado, constitui uma das grandes construções sociais da modernidade, junto com a razão instrumental que deu origem ao projeto científico-técnico. O patriarcalismo, que marginalizou e oprimiu metade da humanidade; o colonialismo, que submeteu praticamente todos os povos não-brancos; e a agressão sistemática à natureza são outras expressões da modernidade.

A pós-modernidade quer romper com essa cultura. Por isso, reafirma a diferença, proclama o direito de existência do outro, insiste na superação de todo binarismo (bom e mau, preto e branco, civilizado e bárbaro, etc.). Agora tudo vale e tem direito de ser. Acabaram-se o logocentrismo, o eurocentrismo, o antropocentrismo, o patriarcalismo. Têm vez a alteridade, a diferença, a singularidade, que não deverão ser mais reprimidas, mas favorecidas. Nenhum tipo de racionalidade deve pretender o monopólio da razão. Ao contrário, vários tipos de racionalidade se fazem valer, autônomos e irredutíveis.

A pós-modernidade: realização final da modernidade

Outros vêem a pós-modernidade como continuação e realização completa da modernidade. É a última conseqüência da "virada para o sujeito", própria da modernidade. O núcleo da modernidade reside na emancipação do indivíduo de seus contextos ideológicos, econômicos e sociais, indivíduo sempre visto como um momento de uma totalidade social maior. Agora (reza a pretensão da pós-modernidade), o indivíduo goza de plena liberdade e de possibilidade de escolha ilimitada. O indivíduo estabelece seus valores. Cada forma de vida tem seu direito. Nada deve ser normativo e proibitivo. Há espaço para todas as expressões, por mais antagônicas que sejam.

Em nome desse protagonismo do indivíduo, as utopias salvacionistas e totais devem ser desqualificadas. Elas são chamadas de metanarrativas (visões universais) pelos adeptos da pós-modernidade. O iluminismo se apresentava antes de mais nada como um programa de educação da humanidade, no sentido de todos poderem ser adultos e autônomos; a Revolução Francesa queria a cidadania e os direitos realizados em todos os seres humanos; o capitalismo pretendia gerar abundância para todos; o socialismo almejava a redenção de todas as alienações a partir do proletário oprimido e a inauguração do reino da liberdade social e individual. O judeu-cristianismo pretendia trazer um evangelho de total resgate do ser humano e da criação, reconciliados no sangue de Cristo, que nos trouxe a paz com Deus.

Tais projetos globalizadores, afirmam os críticos pós-modernos, conduziram a guerras com milhões de mortos. As religiões salvacionistas terminam no terrorismo, no fundamentalismo e nas guerras de religião. O cristianismo, na verdade, negou o corpo, "demonizou" o prazer e rompeu com a natureza; combatendo o paganismo que tecia uma relação positiva com essas realidades, o judeu-cristianismo levou a uma ascese monacal e pregou a "fuga do mundo". Por isso, como somos pós-modernos, convém sermos também pós-judaico-cristãos, ressuscitarmos um neopaganismo, afirma-se, particularmente, a partir de 1975.

Os tipos de racionalidade ou concepções com pretensão universal que caem sob a recusa da pós-modernidade contam-se: a filosofia transcendental de Kant e de Fichte, a filosofia do espírito de Hegel, a teoria do socialismo científico de Marx, o neopositivismo do círculo de Viena, a racionalidade do complexo científico-técnico-econômico, a teoria dos sistemas, o holismo ecológico, etc. Não existe racionalidade no singular, dizem, mas somente racionalidades, no plural. Deve-se descrer de todas essas utopias. Apenas o indivíduo e sua subjetividade fundam valores e constituem o que vale a pena. Justiça para todos, luta pela libertação dos oprimidos, constituição de uma sociedade democrática e participativa representam ilusões totalitárias modernas, assim propalam os adeptos da pós-modernidade.

O princípio básico consiste nisto: devemos ser absolutamente plurais. Vale tudo *(anything goes).* Pinochet podia comungar diariamente e, simultaneamente, mandar torturar presos políticos; podia manter a ditadura no Chile e, ao mesmo tempo, introduzir o neoliberalismo. Ambos convivem, representam valores e mostram que o país pode ter segurança e prosperar. Por isso, podia, bem pós-modernisticamente, apresentar-se como um "ditador democrático". Tolerar essas contradições é a proposta da pós-modernidade. Que isso não funciona, pós-modernamente, comprova-o o fato de ter sido preso em Londres como um criminoso lesa-humanidade.

Estilos de vida, formas literárias, códigos de conduta, escalas de valores, tradições religiosas e espirituais estão no mesmo nível. Tudo é igualmente válido.

A tolerância, ao lado do pluralismo, é outro valor básico. Mas não devemos confundir a tolerância no sentido da modernidade (Lessing, Voltaire e outros). Para os modernos, a tolerância partia de uma leitura mais profunda da verdade objetiva. Esta verdade está aí, nas coisas e na história. O acesso a ela é plural; só os caminhos são múltiplos. Todos eles contêm a verdade, que os contém a todos. Por isso, a tolerância era, para eles, uma forma de fidelidade à verdade nas suas múltiplas facetas de revelação e de descoberta. A tolerância da pós-modernidade possui outra natureza. Não existe, para ela, verdade objetiva nenhuma. Os indivíduos fabricam a sua verdade. Eles estabelecem o que é verdadeiro ou falso. E todos devem ser respeitados. Por isso a tolerância é a forma e a estratégia de salvaguardar a pluralidade. Mais que tolerância, deveríamos falar de aceptância de tudo e de todas as possibilidades do real e do ético.

A pós-modernidade assume tudo e estetiza tudo, quer dizer, faz de tudo objeto de uma sensação e de uma emoção. Tudo é bom, desde que você se sinta bem. Tudo pode ser uma vivência estética: as cenas de terror de crianças de rua assassinadas, a ternura de Madre Teresa de Calcutá criando condições de os abandonados nas ruas poderem morrer dignamente, limpeza ética em Kosovo, violação de mulheres na Bósnia ou salvamento de náufragos no mar, *serial killer*, ópera, canto gregoriano, pornografia, arte clássica, meditação zen e compromisso com a defesa de tribos indígenas sob ameaça de extermínio. Tudo tem o mesmo valor e interesse. Tudo propicia uma vivência humana, mesmo que demasiadamente humana. Não Marx, mas Nietzsche é modelo de pensamento e de compromisso.

Dessa situação resultam a fragmentação de tudo, a dissolução de qualquer cânon, a carnavalização das coisas consideradas sagradas, a ironização das grandes convicções, a permanente crise de identidade, a renúncia a qualquer profundidade, denunciada como metafísica, como essencialismo, e a destruição das razões para qualquer compromisso fundamental. Desaparece o horizonte utópico, sem o qual nenhuma sociedade pode viver e nenhum compromisso humano ganha significação e sustentabilidade.

Nesse sentido, a pós-modernidade, mais que uma nova fase da história, deve ser vista como uma atitude de espírito em contexto de crise e de ocultamento de todas as referências. Só restam as auto-referências do próprio indivíduo, encaramujado em si mesmo.

Crítica: a pós-modernidade como expressão da crise da cultura da modernidade capitalista

Quem são os sujeitos do discurso e das práticas pós-modernas? A quem servem a pluralidade e a tolerância-aceptância? Quem sofre com isso? Importa fazer uma crítica, mesmo que rudimentar, a esse estado de espírito. Ele representa bem a fase de indecisão e de transição, própria de tempos de crise.

Devemos reconhecer que os representantes da pós-modernidade são os filhos e filhas da modernidade burguesa, da sociedade pós-capitalista-industrial de consumo – numa palavra, da cultura do capital hoje mundialmente integrado. Levaram até as últimas conseqüências a lógica linear da razão instrumental aplicada à produção apenas de bens materiais e de atendimento de necessidades ligadas à exterioridade humana.

Há, no projeto pós-moderno, uma pobreza humanística e espiritual clamorosa, pois este supõe um descompromisso total com qualquer causa que animou os melhores espíritos da história. Esse descompromisso só é possível porque já encontra um mundo feito e relativamente estabilizado. Tal descompromisso é incapaz de gestar qualquer ato criativo e fundador, nem que seja para conservar o *status quo*. Ele representa o auge do consumismo individualístico e autofinalizado.

Esse tipo de pluralismo e a tolerância-aceptância descompromissada com qualquer verdade tornam extremamente pesada a vida e a causa de 2/3 da população mundial. Os empobrecidos do mundo têm perversidades a denunciar em nome de verdades e de causas pelas quais vale lutar; caso contrário, a vida não tem o mínimo sentido, nem valem os sacrifícios pagos para preservar a dignidade básica de comer pelo menos uma vez ao dia, de morar com os filhos um pouco melhor que os animais, de participar, pela palavra e pela prática, da sociedade da qual são marginalizados ou excluídos.

Não nos enganemos: a pós-modernidade é o último e mais refinado travestimento da cultura capitalista com sua ideologia consumista. Ela fabricou um "pastel ideológico" composto com os mais diversos condimentos, como as tendências vanguardistas das artes e da literatura, sortido com associações, fantasias e teorias das ciências que vão da psicologia do profundo à astrofísica, da biologia molecular ao esoterismo. Disso resulta uma cosmovisão política e estética em relação à qual ninguém precisa estar contra, porque irrelevante, não modifica o curso da história. A própria crítica já é incorporada na concepção do vale-tudo pós-modernista. Tudo isso, porém, é feito à condição de um imenso esquecimento do trabalho, das lutas, do suor, das buscas, dos acertos de séculos de empenho humano, do martírio, especialmente daqueles que, anonimamente, entregaram suas vidas pela justiça e pela dignidade dos outros.

A modernidade proletário-socialista, por intermédio de Marx, já fizera as críticas básicas à modernidade burguês-capitalista. Nesse sentido, Marx continua a manter sua atualidade, apesar de todas as críticas. Ele desmascarou a irracionalidade e a desumanidade do modo de produção capitalista. Comunga com Hegel, e com outros representantes da modernidade, da convicção de que, em princípio, a razão prevalece na história, evidentemente à condição de se superar as contradições básicas da sociedade, especialmente a divisão entre trabalho manual e trabalho intelectual, de se ultrapassar o antagonismo de classes, de se obviar a separação dos produtores dos meios de sua produção. A escola de Frankfurt, particularmente Jürgen Habermas, tentou enriquecer as visões de Marx. Em vez da metáfora estrutura/sobreestrutura, introduziu aquela da arena, na qual as várias forças se encontram simultaneamente, interagem entre si e compõem juntas o teatro histórico-social. Deslocou-se o acento utópico do conceito *trabalho* para o conceito *informação/comunicação.* Em vez do paradigma *produção,* vigora o paradigma *comunicação;* em vez da lógica linear, a lógica dialógica.

Se a sociedade moderna está estruturada ao redor da ideologia individualista, então, para superá-la, importa – nas palavras de A. Gramsci – elaborar uma antiideologia cultural, estruturada agora ao redor da tradição da solidariedade e da secular luta pela justiça societária – que irão constituir as forças seminais de uma nova ordem e de um novo sentido social e se fundam no espírito solidário, na busca de formas cada vez mais inclusivas de justiça societária e na comunicação participativa que politicamente se concretiza na democracia social, de baixo para cima, aberta às diferenças e à comunhão das subjetividades.

Concretamente, não se pode manter as mais disparatadas racionalidades justapostas. Estamos condenados a conviver nesta nave-espacial-Terra. A convivência deve ser estruturada de tal forma, nos níveis econômico, político e cultural, que corresponda a certas exigências coletivas da humanidade e da justiça entre os passageiros dessa espaçonave. Os discursos não podem ser tão disparatados e incomunicáveis que inviabilizem qualquer comunicação. E esta comunicação indispensável passa por instituições coletivas que visam à salvaguarda mínima de toda a humanidade. Somente na base de normas éticas reconhecidas por todos é que se podem criar instituições de socialização humana que viabilizem a liberdade concreta. Caso contrário, fazemos explodir a nave comum. E desta vez não há uma arca-de-noé que salve alguns e deixe perecer outros. Ou todos nos salvamos, ou todos perecemos.

O pluralismo das formas de racionalidade nos libertou, é verdade, das velhas hierarquias e esquemas de dominação totalitária a partir de um único tipo de exercício da razão. Mas fez surgir um outro problema: como se relacionam entre si as várias formas de racionalidade? Cada tipo de razão tem o seu território de realização e de validade, mas isso supõe um campo comum onde se instauram os vários territórios. Finalmente, todos os territórios têm isso de comum: são humanos e sociais. Então, deverá haver uma razão que garanta o direito das várias razões territoriais, impedindo que um território invada o outro, ou que qualquer um seja inviabilizado por outros.

Cada território projeta também seu *ethos* territorial, seus comportamentos responsáveis e realizadores da humanidade, partilhado por outros que habitam um outro território ético. Esse pluralismo pode trazer vantagens, mas também mostra seus limites. Deve concorrer, à sua maneira, para um *ethos* de salvaguarda da casa comum, quer dizer, cada território não pode se reduzir aos seus limites. Precisa elaborar sua transterritorialidade, em vista do campo comum de existência e coexistência, sem o qual nenhum território tem sua existência garantida. Um *ethos* de referência comum se mostra inevitável. Nenhum pluralismo pós-moderno pode escapar, por exemplo, dos seguintes imperativos: pessoas não podem ser usadas como meios, mas devem ser respeitadas como fins em si mesmas; as instituições devem ser organizadas de tal forma que sejam justas, vale dizer, que distributivamente sejam benéficas para todos os nela envolvidos; a vida inocente deve ser protegida; o planeta Terra deve manter seu equilíbrio ecológico, sem o qual nenhum ser vivo sobrevive. Uma pluralidade que inviabilizasse semelhante comunicação seria certamente inumana e eticamente inaceitável.

Avancemos mais ainda: as grandes questões já assinaladas por I. Kant – o que podemos saber? o que devemos fazer e o que podemos esperar? – estarão sempre na ordem do dia em qualquer território ou projeto antropológico e social. Trata-se de uma exigência transcultural. Assim, como resposta a essas questões axiais, haverá sempre lugar para a ciência, para a ética, a filosofia, a espiritualidade e a religião.

A partir dessas indagações constroem-se as grandes narrativas. Na perspectiva da lingüística e da pesquisa dos mitos, cada cultura elabora sua narrativa básica, que confere sentido e plausibilidade à história humana. Trata-se de uma narração que explica a origem e a caminhada da humanidade, que mostra como o presente é fruto de um passado, assegurando orientações de sentido que vão além da pura constatação da morte certa. Tal narrativa é mais que uma informação (no sentido do computador), é mais que uma teoria (no sentido das ciências), é mais que uma cosmovisão (no sentido da sociologia e da filosofia). Trata-se de uma narrativa que inclui todas essas dimensões, mas as ultrapassa, porque representa um grande sonho e uma utopia global que confere luz, ânimo, sentido à caminhada pessoal e social dos humanos.

Como escrevia um crítico alemão, contra o vale-tudo da pós-modernidade:

"(...) nem todas as narrativas possuem o mesmo valor; as narrativas que mais enriquecem a vida são aquelas que dão conta da complexidade e da ambigüidade da história, que abrem um espaço maior para a criatividade humana, que pela elegância de sua forma ganham transparência, que desafiam a parte melhor de nossa realidade; por todas as partes no mundo, as pessoas estão empenhadas na busca e na construção de tais narrativas; se isso acontece hoje, sob as atuais condições de obsessão e de caos das informações, não sabemos. O que sabemos é que tal diligência representa um ato criativo cujo sucesso deve ser desejado de todo o coração."

A pós-modernidade – por seu relativismo total, por seu descompromisso professado, por seu desinteresse por uma humanidade melhor e por uma completa ausência de solidariedade pelo destino trágico da maioria da humanidade e, por fim, por sua falta de horizonte utópico – não aponta para uma superação da modernidade. Pelo contrário: ratifica e glorifica o seu lado patológico. Nesse sentido, a pós-modernidade continua uma expressão da modernidade no seu lado *demens* (que sempre vem junto do lado *sapiens*). A modernidade, desde a sua emergência, mostrou traços destrutivos, haja vista o imperialismo ocidental, a história da violência e da opressão sobre os povos, gêneros e raças, a manipulação da religião para conferir uma aura de sacralidade ao seu projeto e a fascinação doentia pela violência nas relações sociais e no imaginário dos meios de comunicação (TVs, vídeos, *mass media*, etc).

Pós-modernidade e resgate da subjetividade

Vislumbramos também um lado positivo na pós-modernidade. O discurso do pós-moderno e da pós-*histoire* pode significar uma esperança para as vítimas da modernidade, entre as quais se encontram, já há 500 anos, a América Latina e o Brasil. Esperança de que não precisará haver mais dominação, destruição e exclusão das alteridades e diferenças, como outrora.

Então, o discurso da pós-modernidade significaria, como enfatizou um analista recente, Kuno Füssel, a ocasião de se reconhecer o fracasso de um tipo de razão que, por medo do diferente, obrigou-se a destruí-lo para se auto-afirmar imperialisticamente; a confissão do fracasso de uma forma de política que sempre leva à exclusão dos outros, dos culturalmente diferentes, dos sexualmente distintos, dos religiosamente diversos. Ora, tal confissão reclama uma conversão de paradigma; exige uma atitude diferente, fundadora de uma nova aliança que produza mais vida para os humanos e para o seu entorno ecológico.

A pós-modernidade liberou as subjetividades do enquadramento forçado em instituições totalitárias, com suas éticas rígidas, como são, geralmente, as religiões, as igrejas, os partidos ideologicamente totalitários e as filosofias globalizadoras. Para aqueles que possuem um centro pessoal, uma cosmovisão aberta ou uma visão integradora que lhes assegura um horizonte de esperança (a ética, por exemplo), emerge, então, como dimensão da autonomia pessoal, da responsabilidade diante de si e dos outros e por aquilo que é comum e humano. É uma ética pessoal sem ser individualista; ética do ser humano como ser-de-relações, no mundo, com os outros. A pós-modernidade propicia o surgimento de uma dimensão que enlaça o *eu* com o *nós*, evitando o individualismo da ordem capitalista e o coletivismo da ordem real-socialista, já desaparecida.

Ela permite também a emergência da espiritualidade – aquela capacidade do ser humano de captar a mensagem de grandeza, de beleza e de mistério que perpassa o universo e a vida; capacidade de fazer a experiência de um sentido derradeiro de si mesmo e do cosmos, de chamá-lo de Deus e de entrar num diálogo íntimo com ele (dessa experiência nasceram todas as religiões). Ela permite identificar o elo perdido que tudo liga e re-liga (donde vem re-ligião), e assim fazer uma experiência de totalidade dinâmica e aberta.

A espiritualidade e a ética, feitas dimensões da subjetividade, e não mais monopólio das religiões e das formas de controle dos costumes sociais, podem desempenhar a função de matrizes geradoras de um novo paradigma civilizacional, hoje de dimensões planetárias. O sujeito coletivo será a humanidade como um todo; humanidade unificada e solidária por sua origem, por sua convivência neste planeta azul e branco e por seu destino coletivo junto com o cosmos.

Nessa única república mundial, para a qual estamos caminhando, poder-se-á articular, com menos empecilhos, o pessoal com o social, o local com o global, o sentido individual com o sentido do todo, a narrativa de cada tradição cultural com a narrativa comum da humanidade.

A violência da sociedade capitalista e do mercado mundial

A violência é crescente no mundo, particularmente nos países do Terceiro Mundo e no Brasil. Os fatos conhecidos de assaltos de rua e em prédios, de seqüestros, de extermínio de crianças abandonadas e de chacinas por parte de grupos e até de policiais não podem ser entendidos como episódios. Uma análise mais cuidadosa mostra uma conexão de tais fatos com a totalidade social. Esta é marcada por um modelo altamente predatório de capitalismo, que leva a uma extrema degradação da força de trabalho. O número dos excluídos é cada vez maior. É um luxo hoje ser explorado pelo sistema do capital, que compra de forma aviltada a força de trabalho, remunerando-a miseravelmente com a pequena vantagem de, por lei, oferecer um mínimo de seguridade social. Cerca de 35% da população brasileira vivem na exclusão. Estão, quando muito, no mercado informal, mas fora de qualquer benefício social que os tranqüilize em relação ao futuro. Tal situação configura, objetivamente, um estado de violência. Mais que atos de violência, têm a ver com estruturas permanentes e continuadas de violência. Vamos analisar-lhes as causas por seis caminhos diferentes.

Causas históricas: um pecado de origem, nosso passado colonial

O Brasil tem, no seu começo, um pecado original: a violência da conquista e da invasão. Fomos e continuamos a ser, de certa forma, colônia. A colonização implica um ato de extrema violência organizada, sistemática e continuada: é colocar toda uma nação, com sua população, com sua cultura, com tudo o que tem, à depredação do outro. O colonizado assiste ao congelamento de sua história. É obrigado a internalizar o outro e o seu mundo de valores e a sua forma de ver o mundo, de organizar a sociedade e de pensar e venerar a divindade.

Todo poder totalitário cria um contrapoder, seja simbólico, seja real. A aceitação da dominação nunca foi pacífica. Nossa história está cheia de revoltas frustradas, mas nunca totalmente dominadas.

José Honório Rodrigues, em *Conciliação e reforma, um desafio histórico-cultural* (Rio de Janeiro: Civilização Brasileira, 1965), conta a história brasileira a partir das vítimas. Destrói o mito do brasileiro como pacífico e cordial.

Na história pátria, observa ele, notamos o seguinte paradoxo: *"(...) a maioria dominante – conservadora ou liberal – foi sempre alienada, antiprogressista, antinacional e não-contemporânea. (...). A liderança nunca se reconciliou com o povo. Nunca viu nele uma criatura de Deus, nunca o reconheceu, pois gostaria que ele fosse o que não é. Nunca viu suas virtudes nem admirou seus serviços ao país, chamou-o de tudo – Jeca Tatu –, negou seus direitos, arrasou sua vida e logo que o viu crescer ela lhe negou, pouco a pouco, sua aprovação, conspirou para colocá-lo de novo na periferia, no lugar que continua achando que lhe pertence"* (p. 16).

Por outro lado, as maiores construções são fruto da ação popular:

"(...) a unidade lingüística e política, a expansão e a integridade territoriais, a homogeneidade cultural, a tolerância racial e religiosa. No povo, não nas elites poderosas, prevaleceu o espírito de conciliação que atenuava os antagonismos raciais e sociais. Se a massa indígena e negra, mestiça e cabocla era nas relações humanas essencialmente conciliadora, era entretanto inconciliável nas relações políticas. Mostraram um rude inconformismo, que gerou grande derramamento de sangue, a ponto de Capistrano de Abreu escrever que, no fim do período colonial, o povo foi capado e recapado, sangrado e ressangrado" (p. 30).

A história recente do Brasil está em continuidade com seu passado, sendo que quase sempre escrita apenas pela mão branca. Nela não falaram – e, se falaram, não foram ouvidos – os negros, os índios, os mulatos, as mulheres e os pobres em geral.

Há ainda um agravante: temos vivido sob o modo de produção escravagista. É a maior violência que uma sociedade pode conhecer: a redução do outro a peça, a escravo, com senhorio de vida e morte sobre ele. Durante praticamente quatro séculos, convivemos com a escravidão. Tivemos apenas um século para desfazer suas perversas conseqüências. Procura-se desatar um nó que na verdade deve ser cortado, como se corta, de vez, um tumor.

Estudos sobre a escravidão urbana mostram as raízes de alguns hábitos culturais e policialescos ainda hoje existentes. O escravo urbano era alugado para serviços na rua e vigiado pela polícia no lugar do dono; por causa disso, a polícia comumente desconfia até hoje do negro e aplica-lhe violência quando o prende ou detém (cf. Leila Mezan Algranti, *O feitor ausente*. Petrópolis: Vozes, 1988; Ronaldo Vainfas, *Ideologia e escravidão: os letrados e a sociedade escravista no Brasil colonial*. Petrópolis: Vozes, 1986). Importante é a obra de Jacob Gorrender, *A escravidão reabilitada* (São Paulo: Ática, 1990), que critica a moderna produção histórico-social sobre o tema, que pretende mostrar a escravidão em tons mais benevolentes. Em vez de rebeliões, resistência e acomodação, o regime escravocrata seria eqüitativo, doce, na linha do patriarcalismo pintado por *Casa-grande e senzala*, de Gilberto Freyre. Gorender destrói o imaginário mistificador e reincidente dessa interpretação com dados irrefutáveis.

Na formação de uma sociedade urbana livre, a violência caracteriza o Estado em sua relação com o movimento operário e sindical. Maus-tratos e torturas eram freqüentes contra operários e líderes sindicais. Se brasileiros, eram desterrados para lugares longínquos (Ilha Grande, Fernando de Noronha, etc.); se estrangeiros, eram devolvidos aos países de origem. A sociedade mostra uma contradição absurda: por um lado, não consegue criar emprego para todos; por outro, prende, por vadiagem, aqueles que encontra na rua e que não conseguem mostrar uma carteira de trabalho assinada. O Estado detém, sabidamente, o uso legítimo da violência. Mas aqui há um uso injusto e perverso que contradiz a legitimidade do Estado como Estado de Direito, fruto de um pacto social de cidadania.

A questão social foi, durante muito tempo, tratada como caso de polícia, e não como caso político. Em alguns lugares, a polícia prende e maltrata quem se enquadra em algum dos seguintes "pês": pobre, preto e prostituta. O grave reside nisso: essa violência histórica, na base da dominação do outro e de sua escravização, formou a subjetividade coletiva de nossas elites. Elas criaram a mentalidade de que o povo nada vale; de que o negro deve ser tratado com violência, porque sempre foi assim; de que, na verdade, não deveria receber nada, nem o salário mínimo, pois historicamente sempre serviu gratuitamente aos senhores. E entendem o salário como ato de generosidade por parte do patrão, e não como expressão de justiça. O mecanismo de violência social reside, primeiramente, nas estruturas mentais da classe dominante.

Resumindo, numa palavra: violenta foi a conquista, violenta foi a relação para com o índio, violenta a relação para com o negro, violenta para com o trabalhador organizado, violenta para com todos os pobres até os dias atuais.

Causas culturais da violência

A cultura hoje dominante foi imposta pelos dominadores históricos do povo brasileiro; por isso é dominante. O eixo estruturador dessa cultura, como foi visto há muito pelos filósofos sociais, é a vontade de poder/dominação. Usou-se a violência dura como forma de manter a dominação; e depois a doce, para garantir a hegemonia. É socialmente aceito o uso da violência nesse tipo de cultura dominante.

Essa dominação obriga a três atitudes: ou à submissão para sobreviver, implicando a traição da própria história; ou a resistência, a rebelião e a clandestinidade, com a conseqüente possibilidade de perseguição, de cárcere, de tortura e de morte; ou o disfarce, o simulacro e o "jeitinho" – sobrevive adaptando-se e, ao mesmo tempo, aproveitando todos os espaços, frestas e contradições da dominação para manter e preservar a própria identidade.

Criou-se uma cultura do medo, hoje dominante; cultura da segurança dos grupos abastados, das grades, do exército paralelo de defesa dos opulentos, causadores do conflito básico da sociedade. E, do outro lado, gangues, organizações de assaltantes, crime organizado. Essas duas realidades se implicam dialeticamente.

Há uma cultura da corrupção de colarinho-branco. Há o mundo do crime organizado no estrato empresarial. No mercado e dentro do próprio aparelho de Estado. Essa política, para ser efetiva, necessita corromper a imprensa, a justiça, as autoridades de controle e a polícia.

Há, também, dialeticamente, um outro tipo de violência, que vem das organizações da criminalidade, baseadas na vontade de enriquecer por meio do crime ou mediante o tráfico de drogas, o jogo e a venda de armas e produtos importados. Esta é movida por propósitos individualistas de enriquecimento rápido e pela busca desenfreada de prazer. Aqui funcionam duas regras básicas: a da força bruta das armas de fogo, cada vez mais potentes e sofisticadas, e a posse de muito dinheiro, com o qual tudo se compra.

Há hoje quadrilhas, nos grandes centros urbanos, que se articulam numa organização central; há hierarquia, e os *cabeças* devem obediência a comandos mais altos. Ali se decide sobre a vida e a morte dos membros das várias gangues. Vigora uma lógica de submissão total; caso contrário, funciona o mecanismo da eliminação física. Mata-se para mostrar coragem e disposição; mata-se pelo prazer de matar; mata-se para eliminar um adversário do amigo, e assim dar-lhe um agrado ou fazer-lhe uma surpresa; mata-se por qualquer erro, porque deu "derrame", deu "volta", porque criou incômodo no arranjo de poder das quadrilhas. A relação do chefe com os subordinados é de total dominação, respectivamente de dependência. Nas guerras entre quadrilhas produz-se um verdadeiro extermínio de um e de outro lado. A lógica é a da guerra total. No conjunto da Cehab, no Rio (com 150 mil habitantes), em 13 anos morreram 722 jovens com idades entre 13 e 25 anos (cf. Alba Zaluar, "A criminalização de drogas e o reencantamento do mal". In: *Revista do Rio de Janeiro*, UERJ, nº 1, 1993, pp. 8-15).

Raízes políticas da violência: a sociedade de exclusões

O tipo de sociedade vigente vem organizada na espoliação violenta da mais-valia do trabalho e na exclusão de grande parte da população. O conflito real é entre o capital e o trabalho, que dá origem a uma desenfreada luta de classes, com a dominação permanente dos donos do poder desde o início de nossa história. Essa luta cria violência em todos os campos:

- no campo econômico, com os baixos salários e a privatização da verba pública;
- no campo político, mediante a produção de uma cidadania menor, que se expressa pela corrida aos cargos públicos pelos partidos que dão sustentação ao governo e se valem de benesses públicas; pelos sindicatos pelegos, cooptados ou desnaturados em sua função; pela guerra no campo por falta de reforma agrária e devido às dificuldades de organização participativa;
- no campo cultural, pelo desprezo à cultura popular e pela dominação da cultura da mídia de massa sobre a população,

influenciada pelos estereótipos da cultura globalizada de origem norte-americana;

- no campo religioso, pelo não-reconhecimento das religiões populares, afros; pela manipulação dos sentimentos religiosos do povo por líderes que transformam os templos em verdadeiras casas de câmbio; pela folclorização da piedade popular;
- no campo educacional, com a escola negada a milhões de pessoas, o que explica o alto índice de analfabetismo (37% são totalmente analfabetos e 60% são analfabetos funcionais), e com os professores desestimulados;
- no campo sanitário, pela falta de cuidado com a saúde do povo, sem hospitais, postos de saúde, remédios e dentistas. O Brasil real é feito de doentes e de sobreviventes da grande tribulação que os afeta secularmente.

A modernização conservadora, sob a influência dos ajustes estruturais, leva a substituir a preocupação pelo desenvolvimento por aquela da estabilização e do combate à inflação. Pouco considera os custos sociais (congelamento da miséria e a pobreza); cobra a integração econômica no mercado mundial, com descaso pela soberania nacional e popular; impõe um diálogo Norte-Sul, mas exclui da agenda os temas da fome mundial, da dívida externa e seus perversos efeitos sociais.

Todo esse processo tem por efeito prolongar a herança trágica de exclusão de milhões de brasileiros que, para sobreviver, têm de continuamente cometer o ilegal, viver do comércio informal, de pequenos roubos e delitos. Sobre eles caem pesadas punições legais e sociais (cf. Ribeiro, H. *A identidade do brasileiro: capado, sangrado e festeiro.* Petrópolis: Vozes, 1994).

Raízes psicossociais da violência: o desejo de compensação

As classes dominantes internalizaram dentro de si a convicção de que elas tudo podem. E de que são impunes. O autoritarismo ligado à impunidade e, por isso, à corrupção, que tudo acoberta, é uma das origens da violência, como o viu bem a pesquisadora Alba Zaluar (cf. Estatísticas macabras. In: *Jornal do Brasil* de 1.9.1994, p. 11).

As classes dominadas internalizaram o caráter violento, injusto e desigual de sua situação. Elas não vêem seu direito à segurança realizado; têm de se defender por si mesmas. Usam da violência – que, na verdade, é antiviolência, reação a uma violência anterior – como estratégia de sobrevivência e também como meio político de recuperar o que lhes foi negado ou expropriado. Vingam-se assaltando e destruindo. Esse processo, geralmente, não é conscientizado nem racionalizado pelas classes dominadas, no sentido de ser fruto de uma reflexão anterior. É uma reação da lógica do inconsciente, que busca uma compensação e até uma vingança pelo mal de que foram vítimas. Psicanalistas enfatizaram esse tipo de violência (cf. R. Amoretti (org.). *Psicanálise e violência*. Petrópolis: Vozes, 1992).

Rubem Fonseca retratou bem essa situação no seu livro de contos *O cobrador* (Rio de Janeiro: Nova Fronteira, 1979). O personagem é um empobrecido da classe média, também chamado na linguagem comum de "marginal", por praticar atos ilícitos. Ele entende ser sua missão conquistar à força o que julga ter-lhe sido roubado pela sociedade dominante. Por isso, diz:

"Tão me devendo colégio, namorada, aparelho de som, respeito, sanduíche de mortadela no botequim, sorvete, bola de

futebol. Estão me devendo meia, cinema, filé mignon... Estão me devendo uma garota de vinte anos, cheia de dentes e perfume... Sempre tive uma missão e não sabia. Agora sei... sei que se todo fodido fizesse como eu o mundo seria melhor e mais justo" (pp. 168, 174, 176, 181).

Aqui há o princípio de um pensamento social construído a partir da criminalidade social. Descobre-se a sociedade de desiguais como causadora da pobreza. Usa-se ainda a força individual, a fim de alcançar a compensação para interesse particular. É uma visão individualista. Por isso, ela não é revolucionária. Na verdade, ela reforça uma visão conservadora, porque, se por um lado questiona a estrutura social iníqua – o que é um problema político –, por outro não percebe que esta deve ser mudada coletivamente para impedir a perpetuação da injustiça e da desigualdade. O indivíduo busca o seu, pela violência, para se compensar, sem mudar nada no sistema. Um problema político demanda uma solução política, e não meramente individualista.

Político seria organizar grupos marginais no sentido de querer transformar semelhante sociedade mediante processos de conscientização e criação de "organizações orgânicas", com práticas transformadoras, a partir de um projeto de nova sociedade. Esse discurso apenas apontou em alguns líderes "marginais", como, há tempos, na favela da Rocinha, no Rio de Janeiro. Ao serem presos após um enfrentamento com policiais, declararam que as favelas precisavam de um Lenin e de um Che Guevara. Numa palavra: de revolucionários para instaurar uma nova sociedade sem favelas.

Mas a burguesia e o Estado temem exatamente esse tipo de raciocínio. Pois este, sim, é revolucionário e os ameaça como um todo. Enquanto ficar individualizada, a violência não mete medo. Pelo contrário, o Estado pode aplicar tranqüilamente as leis e punir os marginais. E a burguesia se sente segura em sua ordem, que, na verdade, é ordem político-jurídica dentro de uma grande desordem social da qual ela é sua principal causa.

A burguesia gosta de dramatizar a violência pelos jornais, pela TV, mostrando os níveis de perversidade dos crimes e o número de vítimas feitas. Consegue elevar a violência urbana ao nível de problema nacional e, num certo tempo, de segurança nacional.

Na verdade, olhando-se os números, morre muito mais gente em acidentes de trânsito (cerca de 30 mil anualmente), em acidentes de trabalho e em conseqüência da fome e das doenças da fome do que vítimas de assaltos. Aqueles números não ameaçam os detentores do sistema e a ordem que os beneficia. Tal realidade violenta, que mata a cada minuto, não é dramatizada, e por isso é feita socialmente suportável.

A violência urbana vem dramatizada visando a um efeito político: conseguir a perseguição, a prisão e eventualmente a morte dos criminosos. Dessa forma, a classe dominante consegue fazer esquecer que está assentada sobre uma violência originária, provocada por ela mesma. Encontra bodes expiatórios nos criminosos comuns. Daí a importância da vigilância, do controle e da repressão, com aparato e circunstância, sobre as populações periféricas ou "marginais" ao sistema (cf. L. Moscatelli. *Política da repressão: força e poder de uma justiça de classe*. Rio de Janeiro: Achiamé, 1982).

Raízes individuais da violência: a agressividade

Há também violência por razões subjetivas em pessoas individuais e em grupos. É conhecida uma clássica discussão científica sobre a origem da agressividade humana. Freud, Einstein. Lorenz, Fromm e outros a abordaram explicitamente. Ultimamente, René Girard, como abordaremos com mais detalhe, pretende estabelecer a arqueologia da violência social.

Para Freud, a agressividade é expressão da dramaticidade da vida humana, cujo motor é a luta renhida entre o princípio de vida (*eros*) e o princípio de morte (*thánatos*). Descarrega-se a tensão para fins de auto-realização, ou então sobre outros, com intentos destrutivos. Para Freud, é impossível aos humanos controlar totalmente o princípio de morte. Por isso, sempre haverá violência na sociedade. Mas por leis, pela educação e, de modo geral, pela cultura pode-se diminuir sua virulência e controlar seus efeitos perversos (cf. Sobre mais além do princípio do prazer. *Obras completas.* Rio de Janeiro: Imago, 1976, v. 5).

Para Lorenz, a agressividade é um instinto como outros e destina-se a proteger a vida. Mas ela ganhou autonomia, porque a razão construiu a arma mediante a qual a pessoa ou o grupo potencializa sua força e assim pode se impor aos demais. E criou-se uma lógica própria da violência. A solução é encontrar substitutivos: voltar à razão dialogante, aos substitutivos, como o esporte, a democracia, o autodomínio crítico do próprio entusiasmo que leva à cegueira e, daí, à eliminação dos outros.

Mas Lorenz reconhece que a guerra somente desaparecerá quando se der aos homens, por outro modo, aquilo que era conquistado mediante a força bruta (cf. *Das sogenannte Böse: Zur Naturgeschichte der Aggression*. Viena, 1964).

Essa reflexão nos reconduz ao chão da história. Devemos ser realistas. Da forma como o ser humano está cultural e socialmente estruturado, ele traz consigo consideráveis fatores de violência objetiva. Estes poderão ser minimizados, controlados, mas não totalmente eliminados. E assim chegamos a um ponto radical da análise que importa enfrentar: a raiz originária da violência, a estrutura do desejo humano articulado para a rivalidade e que gera, assim, conflito e violência. Analisemos essa perspectiva.

A raiz última da violência: a hipótese do desejo mimético

O formulador dessa interpretação é René Girard (1923-), professor de Letras, antropólogo e filósofo francês que vive nos EUA (*A violência e o sagrado*. Rio de Janeiro: Paz e Terra, 1990; *Le bouc émissaire*. Paris: Grasset, 1982; *Des choses cachées depuis la fondation du monde*. Paris: Grasset, 1978, e outros). Analisando grandes obras literárias e mitos transculturais, Girard observou o seguinte mecanismo: na raiz de tudo está a estrutura do desejo humano, coisa que os grandes mestres e pensadores sempre viram (Isaías, Aristóteles, Freud, sábios budistas...). O desejo constitui a grande mola propulsora das transformações e da busca do novo.

Mas há uma particularidade, observa Girard, que escapou à análise, geralmente de cunho privatista e subjetivista: no desejo não há apenas dois termos, o sujeito desejante e o objeto desejado; há sempre o outro, o terceiro, que, segundo Girard, funciona como rival. O rival deseja o mesmo objeto que o outro, não por acaso ou por mera coincidência, mas por uma estrutura de fundo, ligada ao próprio desejo humano. Este é tendencialmente infinito. Deseja-se não somente isso e aquilo, mas a totalidade, tudo. É um projeto aberto ao infinito.

Por isso, o ser humano não sabe concretamente o que deseja. O ser, o todo, a parte? Aristóteles já observava que o objeto do desejo é o *ápeiron*, o todo indeterminado. Por essa porta, entra Girard ao dizer: o desejo se determina somente a partir do rival. Cada pessoa deixa o vago e ganha configuração concreta. Portanto, o desejo é essencialmente mimético. Eis a palavra-chave de Girard: o desejo mimético (*mimesis* = imitação). O ser humano deseja o que o outro deseja. Um imita o outro.

O desejo mimético, entretanto, é gerador de conflito, pois os dois desejam o mesmo objeto. Entram em rivalidade. Cada um quer tomar exclusivamente para si o objeto e com isso realizar o seu desejo. Para tal efeito, sente-se obrigado a excluir o outro. Esse conflito se agiganta quando entram grupos que coletivamente desejam. Quanto mais pessoas e grupos desejam o mesmo objeto, mais cresce a rivalidade, mais aumenta o conflito, mais se aguça a violência.

O desejo mimético funciona como um *feedback*: eu imito meu rival; meu rival me imita. O modelo vai tornar-se o modelo de seu modelo. Então, tudo se torna recíproco. Por que essa reciprocidade?, pergunta-se Girard. Ele constata que essa reciprocidade, no bem e no mal, nunca foi devidamente analisada pelos antropólogos que dela se ocupam. A partir dela, surge a seguinte lógica: quanto mais se deseja o mesmo objeto, mais se procura imitar o outro e mais e mais se procura destruir o outro, ou destruir o objeto desejado pelo outro ou por todos os outros.

O auge do mimetismo e, com isso, o auge da violência é alcançado quando os rivais se unem e criam a unanimidade mimética. Todos se unem contra um só, sobre o qual todos descarregam sua violência. Os muitos têm diante de si apenas um rival, que importa abater. Ele será a vítima.

O desejo mimético é, pois, essencialmente vitimatório. Produz vítimas por todos os campos nos quais se expressa o desejo concorrencial humano.

O processo vitimatório é extremamente fecundo. Para Girard, a produção da vítima funda a sociedade e a cultura. Vejamos as razões dessa surpreendente afirmação.

Quando todos (menos um, feito vítima) se unem para descarregar a violência em cima da vítima, criam uma comunidade. Descarregam toda a violência em cima dela. Disso resultam a paz e a harmonia, vistas como graça alcançada pela própria vítima, que, com sua morte, trouxe tal benefício. A vítima aparece como causa da desordem (todos se unem para eliminá-la) e, ao mesmo tempo, causa do retorno da ordem (porque agora, morta, não ameaça a mais ninguém, e todos desaguaram sobre ela sua violência e assim se apaziguaram).

Girard afirma que a criação da vítima (o bode expiatório) é fundadora da comunidade e da cultura. Todos se unem para punir a vítima. A razão reside nisso: se a violência fosse deixada por si mesma, criar-se-ia uma cadeia ininterrupta de violência e de vingança. Um teria de matar o outro, porque esse outro matou, e assim indefinidamente, como, aliás, aparece claramente nas tragédias gregas. A criação da vítima faz com que todos descarreguem a violência nela, e assim se constitui a comunidade sem violência autodevoradora.

Os gregos chamavam de *phármakos* (donde vem a palavra

farmácia, loja de produtos curativos e farmacêuticos) as vítimas humanas. Eram pessoas que a sociedade mantinha a expensas do erário e que eram sacrificadas em momentos de crise. Nessa ocasião, eram levadas pelas ruas, em todos os cantos da cidade, para absorver as impurezas do ambiente. Eram pessoas a um tempo desprezíveis e respeitáveis. Desprezíveis porque incorporavam toda a perversidade da comunidade. Respeitáveis porque, mediante a sua sacrificação, alcançar-se-ia o apaziguamento da comunidade. Com sua sacrificação, produzir-se-ia um efeito "farmacêutico", isto é, curativo. Toda a hostilidade e violência latente da cidade ficavam drenadas e apaziguadas pela vítima.

Inicialmente, sacrificava-se um filho, um deficiente físico, um prisioneiro, um escravo, enfim, alguém da família humana. Depois, substituiu-se a vítima por um animal que guardasse certa analogia com os humanos – o cordeiro ou o bode expiatório em quem se pudesse descarregar toda a vingança. A vítima tem sempre uma função vicária: ela está no lugar de toda a comunidade, que, ao descarregar sobre ela sua violência, chega à paz e à concórdia social.

Com o processo civilizatório, procurou-se substituir a vítima pela lei. Não basta sacrificar de vez em quando. O processo do desejo mimético sempre está ativo. Então surge a lei, que cria o interdito e a proibição, e destarte se rompe a cadeia da violência e da vingança. A lei cumpre a função de ordem social. A comunidade, agora, em vez de matar as pessoas (vítimas), aplica-lhes as leis e as penas da lei. Com isso, a sociedade se apazigua, como outrora, quando matava de verdade. Agora mata simbolicamente, impondo penas, isolando as pessoas em cadeias e, em casos-limite, condenando-as legalmente à morte.

Nessa passagem do sacrifício à lei cria-se, segundo Girard, o rito. Pelo rito se recorda e se celebra o benefício que a vítima trouxe com sua morte; vale dizer, a paz, o apaziguamento e a coesão da comunidade. Por fim, elabora-se o mito, que é a narração plástica e dramática de todo esse processo ritualizado.

Lei, rito e mito, consoante René Girard, estão na base de toda cultura e das instituições que dela derivam. Essas três pilastras visam fechar a boca da vítima; são construídas pelos que sacrificaram a vítima e a mantêm como vítima.

Hoje não fazemos sacrifícios como outrora. Mas temos também nossas vítimas, dentro de mecanismos sacrificialistas quem sabe até mais perversos. Como tese geral, devemos dizer: onde há instituições rebrota a violência. As instituições são sistemas auto-reguladores e sacrificiais. Punem, excluem e até eliminam quem não se ajusta a elas. Elas concretizam leis e normas estruturadas, possuem seus ritos e elaboram um mito justificador de sua fundação.

Especialmente sacrificiais são, na atualidade, o sistema econômico e o mercado. Já Adam Smith, pai da economia política, dizia: toda sociedade civilizada deixa morrer aqueles que não chegam a garantir sua subsistência. Quem está no sistema, no conjunto articulado de leis, normas e instituições, vive; quem não está é alijado e morre.

A harmonia, portanto, está baseada em algo terrível: deixar morrer aqueles que não entram na harmonia. Então, a ordem instituída produz desordem. E vive como ordem à medida que exclui todos os que não são capazes de entrar nela e nela se manter. Assim é no mercado auto-regulador: quem é forte no mercado vive e progride; quem é fraco é apeado, eliminado e excluído do mercado. Quando, portanto, celebra-se a capacidade auto-reguladora do mercado, significa que se está celebrando sua sacrificialidade. O desemprego é necessário para salvar empresas. Poupar empregados, não os demitir é ser não-sacrificialista. Mas há um preço: ser ineficaz, ficar economicamente fraco, perder na concorrência e se auto-sacrificar, morrendo empresarialmente.

Nessa mesma lógica, cobrar a dívida externa implica gerar um genocídio inconsciente. Por ter de pagar a dívida externa, um governo vê-se obrigado a reduzir os investimentos sociais – em merendas nas escolas, em saúde pública, em saneamento básico (investimentos sem retorno financeiro, apenas social), em segurança –, o que produz a doença e a morte de muitíssimas pessoas, sobretudo velhos e crianças.

Como, entretanto, argumentam os representantes do sistema financeiro? Seria irresponsável não cobrar a dívida externa. Finalmente, há contratos em jogo e existe uma legislação internacional. Ninguém, na esfera dos negócios, dá nada a ninguém. Logo, cobremo-la. Em outras palavras: seria irresponsável não querermos o genocídio implícito. Permitamo-lo. Bem como os nazistas argumentavam: é irresponsável não matar judeus. Existe a legislação sobre a pureza racial. Portanto, matemo-los. É legal. Mas é justo?

Aqui aparece o mecanismo sacrificialista do sistema econômico atual em sua forma contemporânea, neoliberal e mundializada (cf. F. Hinkelhammert. *La lógica de la expulsión del mercado capitalista y el proyecto de liberación*. Costa Rica: Pasos, 1992). Ele sacrifica mais pessoas do que os astecas sacrificaram nas pirâmides ou os cananeus à sua estátua de Moloc. Ocorre que os agentes do mercado não reconhecem tal fato. Mas os níveis de miséria, fome e exclusão dos países empobrecidos o comprovam irrefutavelmente, pelos índices dos mesmos organismos do mercado, como o Banco Mundial e o FMI.

Aqui caberia uma palavra sobre a necessidade da planificação ao lado do livre mercado auto-regulador. O mercado se auto-regula à custa de sacrifícios crescentes. É função do Estado, como gerenciador do bem comum, numa perspectiva realista, planificar, a fim de reduzir essa voracidade a níveis suportáveis, particularmente em três áreas: garantindo pleno emprego (tendencialmente), cuidando da distribuição da renda e zelando pela preservação da natureza.

A essência ética da opção socialista reside nisso: em não entregar aos mecanismos pretensamente auto-reguladores do mercado a consecução das metas sociais fundamentais. Pelo socialismo se pretende garantir razoavelmente o princípio da destinação comum dos bens da natureza, inclusive os frutos do trabalho humano, formando o bem comum social e ecológico.

A teoria de Girard acerca do desejo mimético nos permite entender melhor os mecanismos de reprodução da violência. A violência dos marginalizados e oprimidos é reflexo mimético da violência primeira e modelar das classes dominantes, que impedem a realização do desejo das maiorias. Os oprimidos são violentos porque se encontram, à sua revelia, enquadrados numa sociedade violenta. Eles são feitos vítimas sobre as quais a classe dominante descarrega toda a sua violência e elabora a paz entre os lobos.

A classe dominante (e é dominante porque usa permanentemente a violência) inventa continuamente bodes expiatórios. Precisa inventá-los para esconder sua própria violência. Ora são os pobres, ora os negros, ora os sem-terra, ora os marxistas, ora os subversivos, ora a Igreja progressista, ora as esquerdas, ora os refratários à modernização neoliberal e à privatização. Objetivando aniquilar a vítima, pode descarregar sobre ela sua violência, aplicar-lhe as leis, puni-la de mil formas, até pela exclusão sistemática do processo de produção e consumo, como vem ocorrendo atualmente em nível mundial. Mais ainda: cria uma interpretação ideológica da situação de permanente crise do Brasil, no sentido de ela ser conseqüência da escravidão, da miscigenação, do nosso substrato latino-católico-medieval. Tais álibis visam a ocultar o fato de que é ela a causadora principal (não exclusiva) da herança de exclusão que estigmatiza historicamente nossa realidade social.

Na verdade, se bem olharmos, os únicos que trabalharam de fato, de sol a sol, e construíram quase tudo o que existe neste país foram os negros, um dia escravizados. Hoje eles são difamados como preguiçosos, vadios, refratários a todo tipo de trabalho, só pensando em carnaval e em samba. Trata-se de profunda injustiça e mentira histórica. Mas são recursos do desejo mimético das classes dominantes, criando bodes expiatórios para mascarar a própria violência e ocultar a falta de solidariedade e de senso de justiça histórica com as quais se reparariam as perversidades perpetradas contra os negros e os pobres na história do Brasil.

Por outro lado, as vítimas coletivas não aceitam essa condenação e procuram se defender dentro do mesmo círculo férreo de violência, agora de antiviolência mimética. O círculo fica sempre vicioso, sem chances de ser virtuoso. Isso implicaria uma revolução nas relações sociais, baseadas não mais no desejo mimético, mas no desejo solidário e comunitário.

Certamente, não é fatal que o terceiro, o rival que também deseja, deseje só para si, com exclusão do outro. Há uma atitude alternativa. Ele pode entrar numa parceria com os outros desejantes. Pode construir a solidariedade e a comunhão ao redor do mesmo objeto desejado. Emergiria então outro tipo de sociedade originária; não violenta, mas solidária; não individualista, mas comunial; não dilacerada, mas integrada.

René Girard entrevê no fenômeno cristão a superação da prática sacrificialista. Jesus inaugura outro desejo mimético (*desiderio desideravi...*), "desejei ardentemente comer esta páscoa convosco", do evangelho de Lucas 22, 15), aquele da doação e da auto-entrega. Ao sacrifício que elimina o outro, Jesus apresenta o dom de si, livre, amoroso e total, a ponto de se auto-sacrificar por ele. Essa atitude, que rompe a violência, inaugura uma nova comunhão e uma nova comunidade humana, na qual a colaboração e o amor são a lei e a norma. A competitividade é somente o sentido do melhor e do mais generoso em função de todos.

Superação histórico-social da violência?

Se a violência tem uma origem histórica, cultural, social e radical, é mediante outro tipo de história, de cultura, de sociedade e de radicalidade que ela será minimizada e controlada em seu aspecto destrutivo.

Importa reconhecer, como têm feito tantos analistas, especialmente René Girard, que a violência comporta um componente de mistério que se subtrai à análise científica: por que tanta violência na história da natureza e das sociedades? Por que toda ordem, para se manter, tem de produzir desordem, exclusão, punição e vítimas? Por que, na história, até hoje, predominou o desejo mimético concorrencial, e não o desejo mimético cooperativo? Chegará o dia da predominância do desejo mimético cooperativo? Não estaríamos às suas portas, com a lenta e contraditória emergência de uma sociedade mundial, numa consciência planetária e numa única casa comum, o planeta Terra?

Girard confessa, num encontro com teólogos, sociólogos e antropólogos ligados ao projeto de libertação latino-americana, ocorrido na Universidade de Piracicaba, de 25 a 29 de junho de 1990:

"Todos estamos de acordo em resistir ao desejo mimético. Mas isso parece provar que as forças geradoras da violência neste mundo, por razões misteriosas – que eu tento compreender – da própria organização do mundo como tal, num certo nível, são mais poderosas que a harmonia e a unidade. Este é o aspecto sempre presente do pecado original, enquanto, para além de qualquer concepção mítica, representa um nome para a violência na história" (cf. *René Girard com teólogos da libertação.* Petrópolis: Vozes, 1991, p. 59).

Apesar dessa força negativa, repugna ao ser humano pessoal e social entregar-se aos mecanismos da violência. Sempre de novo cria formas de resistência e de libertação. Por isso, Girard insiste na possibilidade histórica de uma outra lógica, não mais a da exclusão, mas a do diálogo e a de mais ampla inclusão; numa palavra, a de uma cultura radicalmente democrática. Se no ser humano há o desejo mimético para o mal, vigora nele também o desejo mimético para o bem. Em vez da exclusão do rival, pode-se fazer uma aliança com ele, elaborar uma estratégia de solidariedade e de comunhão.

Desse transfundo nascem todas as possíveis formas de superação da violência.

Há dois desafios básicos para a história brasileira que, bem equacionados, teriam como efeito a diminuição considerável das estruturas de violência e também o controle sobre a vontade de violência dos cidadãos particulares: a gestação de um povo e a criação de uma democracia social.

Gestação de um povo a partir de movimentos e associações

No Brasil, desde o início, houve a presença do aparelho de Estado, que veio transplantado para cá para organizar e garantir a exploração colonial. Os colonizadores, muitos celerados, marginais e aventureiros, não vinham para criar uma nação, mas para enricar rapidamente, tornar-se fidalgos (filhos de algo), regressar a Portugal e desfrutar a riqueza acumulada. Submeteram primeiro os índios, e depois introduziram os negros africanos como mão-de-obra escrava. Criou-se aqui uma massa humana negada como sujeito histórico, sem consciência libertária e sem um projeto de futuro. Essa massa foi sempre manipulada pelas elites.

A grande contribuição, especialmente a partir dos anos 30, foi a organização do trabalho industrial e o surgimento de associações de trabalhadores. O processo fez-se nesta linha: do seio da massa, sob a atuação de líderes carismáticos, agentes de educação popular e agentes religiosos, formaram-se comunidades, associações e movimentos populares de todo tipo. Nesses espaços foram surgindo atores sociais conscientes, críticos, com vontade de modificar a realidade circundante e de gestar as sementes de um outro tipo de sociedade, mais participativa, popular e democrática. A articulação dessas associações gerou o movimento popular brasileiro. Ele está fazendo da massa um povo organizado. E povo só existe quando se elabora uma consciência coletiva, se desenha um projeto nacional e se instauram as práticas para implementá-lo. O desafio histórico dos intelectuais orgânicos e da pedagogia popular é gestar, mediante a organização da massa, as associações, as comunidades, os movimentos de toda ordem (por terra, casa, saúde, escola, direitos humanos, sindicalismo militante, etc.), o povo brasileiro. Ele ainda não se constituiu totalmente. Predominam as massas deserdadas e destituídas. Elas gritam e querem ser povo participante e organizado. Mas, lentamente, como fruto da luta popular e de seus aliados, está nascendo, finalmente, o povo brasileiro.

Esse povo, pela participação social nos movimentos e pela militância dos partidos ligados à sua causa e luta, obriga a sociedade política a escutá-lo, a negociar, e destarte a diminuir os níveis de violência estrutural.

Criação de uma democracia social, de base e popular

Outro desafio é a construção do quadro político-institucional para situar o povo nascido da luta de libertação histórica. Trata-se da democracia social e participativa. Somos herdeiros de uma sociedade escravagista e patrimonialista, de um Estado paternalista, beneficente, mas nada participativo e pouco orientado pelas demandas populares. Possuímos uma fraca democracia delegatícia, cheia de vícios políticos, corrupta, feita, em muitos lugares, de currais eleitorais e da compra direta de votos.

Como fruto da organização social, já se produziram partidos

populares ou segmentos populares de partidos liberal-burgueses ou tradicionalmente de esquerda, que podem postular reformas profundas na sociedade e conquistar o poder de Estado, seja municipal, estadual ou federal.

Essa democracia participativa está sendo ensaiada nos movimentos sociais. Mas ela é querida para o corpo todo da sociedade. Ela se baseia, fundamentalmente, nestes quatro pés, como os de uma mesa:

- participação a mais ampla possível de todos, de baixo para cima, de tal sorte que cada um possa se entender como cidadão e sujeito da história que está ajudando a construir;
- igualdade, que resulta dos graus cada vez mais profundos e amplos de participação; igualdade inicial de permitir que um maior número de cidadãos tenha chances de viver melhor, preparar-se profissionalmente, participar na cultura. Em face das desigualdades subsistentes, deve vigorar a solidariedade social;
- respeito às diferenças de toda ordem, como expressão da riqueza humana e social; por isso, uma sociedade democrática deve ser pluralista, multiétnica, plurirreligiosa e com vários tipos de propriedade;
- valorização da subjetividade humana – o ser humano não é apenas um ator social, é uma pessoa, nó de relações para todos os lados, no mundo e junto com outros. A comunhão e a espiritualidade são valores sociais inestimáveis para a auto-realização pessoal e para humanizar as instituições e as estruturas sociais.

Esse tipo de democracia – construída de baixo para cima, participativa, solidária, dialogal e espiritual – é capaz de orientar uma convivência menos agressiva, com mais colaboração e tolerância. Numa palavra, com significativa diminuição das causas que produzem violência social.

Desse duplo processo – da constituição de um povo e da fundação de uma democracia participativa – elaboram-se a cidadania e a concidadania. Cidadania pela qual as pessoas se sentem portadoras de direitos e deveres diante do Estado, que ajudam a constituir; e concidadania pela qual os cidadãos se unem a outros cidadãos para dinamizar a sociedade, para além daquilo que vem sendo feito pelo Estado. Esses dois tipos de cidadania fazem das pessoas sujeitos históricos ativos que deixam para trás o caráter de massa e entram a compor a sociedade como o conjunto dos cidadãos organizados em Estado e socialmente auto-organizados (sociedade civil). Agora se poderá falar com propriedade de *história de um povo*, e não apenas de heróis ou de classes hegemônicas.

Conclusão: contra a resignação e por uma esperança histórica

Estamos em face de um longo caminho civilizatório. Importa trilhá-lo, pois só assim conferimos um rosto humano à nossa história marcada por tantas barbaridades, cujos efeitos nos alcançam até os dias de hoje. A história é criativa e sempre aberta a formas mais altas de convivialidade. Cada geração deve dar a sua contribuição para essa aventura coletiva.

Não esposamos a resignação de Freud, que, numa carta-resposta a perguntas de Einstein, de 1932, sobre a persistência da violência nas relações humanas, escreveu: "Esfaimados, pensamos no moinho que tão lentamente mói, que poderíamos morrer de fome antes de receber a farinha."

Não estamos condenados a morrer de fome, pois certamente o desígnio da história não é forçar-nos a ser lobos uns dos outros, mas concidadãos e sócios na justiça, na participação, no diálogo e na paz, num convívio em que sejam menos difíceis a amizade e o amor. Há fila no moinho porque há farinha, e farinha para todos. Ela é suficiente não só para todos os humanos, mas também para os outros seres vivos que conosco compartem a aventura cósmica. O desejo mimético pode ser de colaboração, altruísmo e solidariedade. Repartiremos a farinha, mesmo sendo pouca, segundo critérios de justiça e de compaixão – no sentido budista da palavra, que significa compartilhar da vida, da luta, da alegria e do sofrimento da existência humana, social e planetária. E a história das religiões e das tradições espirituais atesta que, quando o pouco é repartido, ele se multiplica e se transforma em muito, a ponto de sobrar, como no relato bíblico da multiplicação dos cinco pães e dos dois peixes. A Terra não precisa ser um vale de lágrimas. Ela pode transformar-se num lar comum, onde há fogo e óleo para todos ao redor da mesma mesa, a desfrutar a convivialidade humana e a bondade de todas as coisas.

Refundação da dignidade humana a partir da nova cosmologia

Em que se funda a luta pelos direitos humanos, especialmente aquela que parte da perspectiva das vítimas; vale dizer, daqueles segmentos da humanidade que nem mais constituem o exército de reserva para ser queimado, qual carvão na máquina produtiva dos sistemas vigentes? Grandes porções da humanidade estão condenadas ao lumpesinato. Sequer têm o privilégio de ser exploradas pelo próprio sistema do capital. Os explorados estão dentro do sistema, embora em sua margem perversa. Têm acesso a alguns benefícios, como o salário mínimo e a seguridade social (saúde e aposentadoria). Mas muitíssimos nem isso têm, pois se encontram excluídos da ordem vigente. E há grupos, no Terceiro Mundo, na América Latina e, particularmente, no Brasil, que se empenham pelos direitos dessa humanidade humilhada. Têm a ousadia de colocar as questões dos direitos universais a partir dos direitos destes últimos. Onde estão os fundamentos para tal compromisso?

Em que se funda a luta pelos direitos humanos a partir das vítimas?

O primeiro fundamento está na dignidade da pessoa

humana. Os considerados "últimos" têm igual dignidade que os chamados "primeiros".

Que significa, aqui, dignidade?

Dignidade é um valor. E todo valor comporta duas dimensões básicas: uma atitude de fascinação em face do outro e uma irradiação objetiva presente nas pessoas que origina tal fascinação.

Alguém descobre no outro algo amável e respeitável, descobre algo irredutível no outro, mas "outro", no oprimido e excluído. Sem essa atitude, sem um mínimo de abertura, de amizade, de admiração e de amor à pessoa humana, por mais humilhada que ela seja, a luta por sua dignidade é incompreensível. Não se trata de amar alguém do mesmo povo, da mesma raça, um membro da família ou da mesma confissão religiosa. Trata-se de admirar e amar uma pessoa humana como pessoa humana, anteriormente a qualquer outra determinação posterior, como "último", humilhado e ofendido, proletário ou burguês, religioso ou agnóstico. O capitalismo não ama a pessoa humana. Interessa-se apenas por parte dela: sua força de trabalho, os músculos do operário e a cabeça de um profissional liberal.

A segunda dimensão da dignidade reside numa irradiação, numa profundidade que se desvela na pessoa humana mesma. Não depende da vontade da pessoa. Trata-se de um valor do qual ela é apenas suporte e portador: algo maior a habita. Uma luz dela emana. Ela se impõe, simplesmente. Tal realidade produz fascinação e produz a veneração e o respeito em face da pessoa do outro.

Que fenômeno é esse?

Esse fenômeno reside na vida como vida humana; consiste

no fato de que alguém está aí, vivo e presente. Toda vida, particularmente a humana, constitui uma realidade indisponível, não-descartável e, de certa forma, irredutível. Vida é algo que nós não produzimos, mas acolhemos. É um fenômeno que emerge de forma misteriosa dentro da criação.

Toda vida provoca admiração. É algo imediato e ao mesmo tempo último. Tudo que vive se move a partir de dentro. Constitui-se uma realidade aberta para fora. A vida se estrutura numa simbiose com o meio do qual tira os elementos essenciais para a sua sustentação e reprodução. Constata-se aí uma dialogação permanente com o meio ambiente. Acolhe, cria continuamente, auto-organiza-se e controla e sintetiza todos os dados assimilados. É a vida como *autopoiesis* (autocriação e auto-organização) da própria matéria, como falam tantos biólogos contemporâneos.

Toda pessoa encontra-se nesse círculo vital. O que a caracteriza é decididamente uma presença. Essa categoria da presença é fundamental para descrever e compreender a singularidade do ser-pessoa. Estar presente não significa estar aí como uma pedra. Estar presente, ao nível vivo e humano, comporta uma densificação do ser; é apresentar-se como uma permanente proposta que exige uma resposta e que estabelece uma responsabilidade. Proposta, resposta e responsabilidade: eis três categorias que deixam aparecer a singularidade da vida humana. Ela se propõe ao outro como uma provocação e uma comunicação. Pela simples presença. Mesmo que não tenha nada a dizer ou não domine nenhum código comum. O simples fato de estar aí, vivo, face a face com o outro, já estabelece uma comunicação e uma proposta de oferecimento ao semelhante. A proposta provoca uma resposta. Pode ser de acolhida, ou de rechaço, ou de indiferença. São atitudes possíveis e formas de resposta. Essa resposta não pode ser esquivada, negada ou postergada. Tem de ser dada. Aqui constatamos algo que se impõe pela própria força intrínseca do fenômeno. Por aí entendemos a emergência da responsabilidade. Etimologicamente, responsabilidade significa o dever de responder ao outro, a necessidade de dar resposta a uma proposta.

Por que a vida humana (e, no limite, toda forma de vida) se impõe dessa maneira, de forma inarredável, imperativa e avassaladora? Tudo o que vive merece viver. Por que essa exigência? Respondemos: porque a vida é sempre sagrada.

Que é o sagrado? Fenomenólogos discerniram duas dimensões básicas do sagrado. Ele é, primeiramente, uma dimensão de fascinação e de êxtase: diante do outro, ficamos parados, ficamos boquiabertos, escancaramos os olhos e aguçamos os ouvidos; captamos, admirados, a proposta do outro. Podem ocorrer situações em que sentimos a necessidade de gritar, de chorar, de cair de joelhos e de encurvar a face ao chão (como, por exemplo, diante de pessoas portadoras de grande carisma, seja artístico, religioso, político ou ético-humanitário). É a dimensão do fascinante, do *fascinosum*.

Em segundo lugar, tem a ver com uma dimensão que impõe respeito. Não podemos simplesmente desconsiderá-la. Ela se impõe ao nosso reconhecimento; sequer nos é permitido tocá-la de qualquer jeito. Ela exige certo rito. É proibido passar por cima dela; não podemos forçá-la a nada, nem a fazer o que desejaríamos; somente podemos convidá-la a entabular uma dialogação. É a dimensão da veneração e do *tremendum*, que limita nossa vontade de poder e que nos avassala por sua força intrínseca.

Os antigos expressaram essa experiência do sagrado e da dignidade da pessoa humana com este aforismo: *res sacra homo* (o ser humano é uma realidade sagrada!).

Portanto, o homem e a mulher são um lugar privilegiado de revelação e de experiência do sagrado. Paremos diante dele. O poder encontra nele seu limite intransponível. Todas as instâncias humanas, particularmente as religiões, devem promover e defender tal sacralidade, pois é essa sacralidade intrínseca à pessoa que confere sacralidade ao corpo, à família, à casa, ao trabalho e aos espaços e aos tempos humanos. Eles deixam de ser profanos e cotidianos e se tornam sagrados e rituais.

Recapitulando: os direitos humanos se fundam na dignidade humana; a dignidade humana se funda na vida como vida e como humana; a vida humana, por sua vez, revela uma sacralidade irrecusável.

E essa sacralidade irrecusável se funda em quê? O que se esconde atrás dela? Abordemos esta última indagação.

Se analisarmos a vida em sua especificidade, constataremos que sua característica fundamental é a criatividade *(poiesis)*. A vida, como dizíamos acima, surge a partir da própria matéria, que se auto-organiza; uma vez constituída, a vida encontra-se num continuado processo de dialogação com o meio. Assimila dele o de que precisa para viver; sintetiza os elementos mais díspares e forma uma unidade holística ou uma inteireza indivisível.

A vida constitui sempre uma totalidade orgânica. Não existe uma serialização, como numa máquina. Aí sabemos de antemão tudo o que vai ocorrer e como será o produto, porque lhe conhecemos o projeto inicial. Os produtos apenas se distinguem pelo número. Com a vida, não ocorre assim. Ela é sempre emergência do novo e do surpreendente. A síntese deve ser sempre feita; nunca é dada, simplesmente. A vida humana constrói um mundo, a biosfera, projeta um sentido e aponta para um propósito em permanente abertura.

Portanto, a dignidade da vida humana radica-se na sua criatividade. O ser humano cria sua própria significação; confere ao mundo uma direção; molda a seu modo o ambiente circundante natural ou social. A criatividade é um outro nome para a liberdade. A liberdade é a capacidade de construção de si, de seu universo de significações em contínuo diálogo-interação com o meio ambiente e com os outros.

Qual é a violência maior que se pode fazer à pessoa humana? Prescindindo a de tirar-lhe a vida, consiste em negar-lhe a liberdade e em impedir-lhe a criatividade. É condená-la à repetição e à adesão ao projeto do outro. Por isso, a criatividade-liberdade é sagrada, inviolável e um valor supremo.

Tematizações da dignidade-sacralidade-criatividade-liberdade humanas

Essa experiência originária foi captada em seus diferentes níveis e elaborada com os mais diversos instrumentos de expressão e de comunicação.

A expressão religiosa da dignidade humana

A mais antiga expressão foi dada pelas religiões. Por mais díspares que se apresentem as religiões, nesses dois pontos encontram seu denominador comum. Elas valorizam a vida; defendem-na, promovem-na, prometem-lhe a eternidade. Em seguida, todas as religiões desenvolvem *com-paixão* para com as vidas vulneradas, dos deficientes físicos e mentais, dos doentes, dos pobres e dos injustiçados. Em algumas culturas, o nascimento de algum deficiente físico ou mental é considerado uma epifania da divindade. Todos o adotam como filho ou filha. Toda a sociedade se organiza para compensar o que a natureza lhe negou. Portanto, as religiões defendem a vida a partir daquelas vidas mais ameaçadas e feridas.

A dignidade de toda vida provém do fato de ela ser expressão do mistério do universo em evolução. As religiões chamaram a esse mistério *Deus*. Ele é o criador e o provedor de todo o movimento, do dinamismo intrínseco da matéria e, derradeiramente, da emergência da vida. Por isso, toda vida humana guarda uma marca da divindade. É imagem e semelhança de Deus. Mais ainda, cada pessoa humana, saída de Deus, é entendida como filho e filha de Deus. Por mais singela que seja a sua origem e por mais contraditória a expressão, cada pessoa jamais deixa de ter suas raízes no coração de Deus, Pai e Mãe de bondade. A tradição judaico-cristã levou tal visão até as últimas conseqüências, afirmando que o ser humano foi criado criador. Assim como Deus criou o universo, deu-lhe movimento e harmonia, assim deve o ser humano levar avante esse projeto criador. Deve moldar seu mundo, tirar-lhe potencialidades escondidas e levá-las à concretização. É este o sentido originário da expressão "imagem e semelhança de Deus", aplicada ao ser humano, homem e mulher: ser um deus em miniatura, capaz de prolongar o ato criador de Deus para dentro da criação e fazê-lo como um filho e filha responsáveis, e não como um déspota irresponsável (o que de fato ocorreu na história).

Do fato de sermos filhos e filhas de Deus, Gandhi, por exemplo, tirou poderosas conseqüências políticas: denunciava todo tipo de violência do sistema colonial, a humilhação das pessoas e a violação da liberdade. "Não podemos aceitar que se faça isso a um filho e a uma filha de Deus." Com sua ação de não-violência ativa, criava situações tais que a própria verdade, com sua força intrínseca, desmascarava a agressão à sacralidade humana.

A expressão filosófica da dignidade humana

Que tipo de ser e que modo de ser se revelam no fato de alguém ser criador e livre? Esta indagação nos coloca no coração da filosofia. A filosofia não dispõe de um saber específico ao qual somente ela tem acesso. A filosofia se propõe pensar o que sabemos, ouvir o não-dito no dito e auscultar o não-pensado no pensado. Quando dizemos que o ser humano é criador e livre, que estamos dizendo do ser humano?

Estamos dizendo que o ser humano é um ser que não está aprisionado no arranjo existencial que ele criou para si: que não é refém de suas próprias estruturas; que não está chamado a apenas reproduzir o mundo no qual vive. Queremos dizer que ele pode ver além do próprio mundo. Que ele pode fantasiar outro mundo, que dispõe sempre de brechas e janelas pelas quais pode ver outras paisagens, diferentes daquelas às quais está acostumado.

Ser criador é ser-em-abertura para todos os lados; é ser em permanente dialogação consigo mesmo e com as potencialidades da realidade que ainda não foram atualizadas. Nada mais criativo que um músico ou um pintor ou um poeta. O músico não toca sempre a mesma melodia, nem o pintor debuxa sempre o mesmo quadro, nem o poeta repete o mesmo verso. Então, respectivamente, produzindo sempre, de novo, combinações diferentes com os oito sons da escala musical, novos motivos com as cores do arco-íris e novas leituras do mundo com as 24 letras do alfabeto. Cada ser humano é criador, pois assimila, do seu jeito, tudo o que lhe entra pelos sentidos, sintetiza as experiências, projeta novidades, deixando sempre a marca de sua singularidade em tudo o que toca.

Tolher a pessoa humana em sua capacidade de criar, de expressar sua visão das coisas, obrigá-la a ser eco da voz dos outros e cortar a ação criadora de singularidades significa violência ao direito fundamental de ser e de viver como humano. Mais que violar esse ou aquele direito codificado, é agredir o suporte de todos os direitos, a dignidade de ser um ente de abertura e de criação.

A expressão antropológica da dignidade humana

O ser criativo (dimensão religiosa) e o ser-em-abertura (dimensão filosófica) se traduzem numa perspectiva antropológica pela categoria *pessoa*. Pessoa quer dizer um ser em relação. O ser humano apresenta-se como um nó de relações. Ele *ex-iste*, isto é, está voltado para fora, em todas as direções, também para dentro de sua interioridade. Fora da relação, o ser humano não existe. Daí que ele não existe apenas. Sempre co-existe. Eu sou meus relacionamentos. Por isso, a estrutura pessoal reside no dar, no receber e no retribuir. É saindo de si que o ser humano fica mais nele mesmo; é dando que recebe; é recebendo que se enriquece e permite ao outro também ser, pois lhe propicia dar; retribuindo, estabelece a rede de relações de dar e receber. Nesse jogo se constrói a personalidade.

Nada mais violento que impedir o ser humano de se relacionar com a natureza, com os seus semelhantes, com os mais próximos e queridos, consigo mesmo e com Deus. Significa reduzi-lo a um objeto inanimado e morto. Pela participação, ele se torna responsável pelo outro e con-cria continuamente o mundo, como um jogo de relações, como permanente dialogação.

A expressão ética da dignidade humana

A dimensão ética surge quando nos sentimos responsáveis pelo nosso destino e pelo destino do outro e da casa comum, a Terra. O ser humano emerge como um ser ético quando sente o outro como outro, em sua autonomia, quando se solidariza com ele, quando desenvolve com-paixão por sua vida e sua causa. Ser ético é poder assumir os interesses do outro até mesmo quando eles não coincidem com os nossos. São assumidos porque são percebidos como justos e retos. Somente um ser livre pode ser um ente ético, respeitando o outro, impondo limites ao próprio poder e à própria paixão para salvaguardar a liberdade do outro.

O sentido ético da liberdade pessoal reside na capacidade de acolher e potenciar a liberdade do outro. Não é exercer a liberdade própria até os limites da liberdade do outro. Antes, comporta entrar em comunhão com a liberdade do outro. Isso supõe reconhecer-lhe a autonomia e a diferença. Estas existem para permitir a comunhão com o diferente e o laço de união com ele. Dessa relação nasce a responsabilidade de um pelo outro, base de toda ética de solidariedade e de convivialidade.

Cortar a capacidade de relação, impedir a responsabilidade pessoal e coletiva, obstruir a capacidade de sentir o outro e de deixar-se envolver por sua vida e causa implicam desconsiderar a dignidade humana, fonte de todos os valores.

Portanto, ser criador, ser aberto, ser pessoa implica responsabilidade diante de si e em face do outro. Comporta uma dimensão de inclusão consciente do outro, de construção de um caminho comum, de compaixão com sua paixão e sua causa. Sem ética, nada mais tem valor. Enchafurdamo-nos no pântano dos interesses individuais contra os interesses dos outros e da comunidade. O resultado é a ameaça permanente do pisoteamento da dignidade de cada ser humano e também de cada ente da natureza, reduzido a mero recurso para nosso desfrute.

Por isso, o imperativo básico da ética não é: faça o bem e evite o mal. Nessa formulação, assim abstrata, não está decidido o que é o bem e o que é o mal. Somos entregues a decisões subjetivas e à lógica dos nossos próprios interesses. O imperativo iniludível e cristalino é este: liberte o pobre! Libertar o pobre supõe compaixão; implica amor à pessoa em sua dignidade de pessoa; significa vergar-se sobre ele como o fez o bom samaritano da parábola evangélica; comporta solidariedade em sua desgraça e vontade de resgate e libertação de sua dignidade. Uma sociedade que não mostra compaixão para com os penalizados da vida (doentes, idosos, crianças) é uma sociedade que desrespeita sistematicamente a dignidade da pessoa humana. Ela não vive no direito e na justiça.

A expressão política da dignidade humana

A dignidade humana, em suas várias expressões expostas acima, inclui também uma dimensão política. A política tem a ver com as formas de participação no poder da sociedade. Pelo fato de ser pessoa, de ser criativo, livre, responsável, o ser humano vem dotado de uma vontade ontológica de participação. Não se trata de uma veleidade que pode ser ou não ser. Essa vontade é intrínseca. Sem a participação, o ser humano se sente oprimido, forçado a secundar um projeto político dos outros, para o qual não teve nenhuma colaboração. Mesmo que se sinta beneficiário do sistema social (como era o caso do socialismo de Estado), não se sente feliz, porque não é participante na gestação do bem comum. O ser humano, politicamente, não quer ser beneficiário, mas participante. Ora, as sociedades históricas que conhecemos se caracterizam por parcos mecanismos de participação dos cidadãos. Participam os que detêm o poder, o saber e o ter. Os demais são conduzidos e reduzidos a uma função subalterna.

A dignidade humana politicamente considerada coloca a exigência de uma democracia no sentido originário da palavra: a participação no poder por todos, em níveis a serem sempre estabelecidos, no controle desse poder e na rotatividade das várias funções. Ademais, a sociedade como um todo é somente sã se predominarem as relações de inclusão, relações de solidariedade entre todos, relações de reciprocidade e de complementaridade. Tal dinamismo social é propício à salvaguarda da dignidade humana; cria as condições de ela se expressar e assim construir o bem comum.

Fundamentação quântica da dignidade humana

Até agora, temos trabalhado com uma cosmovisão clássica, aquela fundamentalmente ligada à física newtoniana e à fenomenologia moderna. Refletimos a partir da consciência e do que nela se manifesta em termos de relações que se enquadram no espaço, no tempo e na interioridade humana. Mais e mais, porém, está se impondo uma nova cosmologia, baseada na mecânica quântica, na nova biologia e na psicologia transpessoal. Essa visão remonta às partículas subatômicas, às energias originais que subjazem a todo o universo e ao universo dos arquétipos que povoam o inconsciente pessoal e o coletivo. Essa cosmovisão vem confirmar, curiosamente, os resultados conseguidos pela reflexão anterior. Seu valor reside nisto: mostrar que aquilo que pensávamos ser um valor no âmbito humano, religioso, ético, político, na verdade corresponde à própria realidade em sua expressão mais radical. A verdade da consciência se encontra com a verdade das coisas. A lógica da razão coincide com a lógica das energias e das partículas subatômicas. Por isso, estimamos que a dignidade humana, numa perspectiva quântica, ganha uma fundamentação derradeira e convincente. Exporemos brevemente essa cosmovisão, conscientes dos limites da linguagem e da fragmentariedade das representações.

A imagem do mundo a partir da física quântica

Pela teoria da relatividade de Einstein, massa e energia são intercambiáveis. Considerando a totalidade do universo, a massa/matéria ocupa uma ínfima parte do espaço. Para a física atômica, a subatômica e quântica, a matéria existe apenas tendencialmente. As partículas elementares que entram na composição do átomo, do núcleo e dos prótons não são outra coisa que energia em altíssimo grau de concentração e estabilização. São, na verdade, ondas mais lentas e alongadas de energia.

A mecânica quântica (a expressão quântico, *quantum*, vem de Max Planck, para designar a quantidade de energia que os átomos irradiam intermitentemente em forma de pacotes) sustenta que todo ser pode ser descrito sob a forma de onda de energia eletromagnética ou de partícula material, subatômica.

Ambas, ondas e partículas, são expressões da mesma realidade. Eles ocorrem sempre simultaneamente. A partícula possui seu momento-onda, e a onda possui seu momento-partícula. São dimensões simultâneas e complementares. Nunca podemos determinar, ao mesmo tempo, a dimensão onda e a dimensão partícula. Vige uma profunda indeterminação no campo subatômico: o elétron, por exemplo, tanto pode ser onda como pode ser partícula. Pode também apresentar-se nem totalmente como onda, nem totalmente como partícula, mas como uma composição de ambos. Ocorre, como se diz, um "pacote de onda".

A representação que a física quântica faz da realidade é a seguinte: existiria um transfundo de energia pura, um oceano abissal de energia cósmica da qual irrompem partículas que existem por um tempo ínfimo ou ondas que se manifestam em bilionésimo de segundo para, em seguida, tanto ondas quanto partículas, voltarem a imergir nesse manancial inesgotável de energia. O que se denomina vácuo quântico é, na verdade, o supra-sumo das virtualidades e probabilidades do universo. Tudo constitui uma dança cósmica de energias, um campo energético que perpassa tudo e tudo engloba. O universo é um todo unificado e indivisível. Ele forma uma complexíssima rede de relações em todas as direções e em todas as formas. Tudo está relacionado com tudo e em todos os seus pontos. Nada existe fora da relação.

Se as coisas são assim (energia fundamental, partícula/onda), como surgem as coisas que existem como existem? Como passar dos eventos quânticos para os elementos físicos?

É aqui que entra a função da consciência. A física quântica, com Max Planck, Böhr, Einstein, Dirac e Pauli, havia deixado a consciência de fora. Mais ainda: considerava-se que a imagem de mundo projetada por ela era tão contraditória, em relação à imagem convencional, que se deveria deixar de lado qualquer divulgação dela. Só criaria perplexidade. Famosa é a afirmação de Niels Böhr: "Se alguém não ficar perplexo e não se escandalizar com a física quântica, é sinal de que não a entendeu."

Com Werner Heisenberg, entretanto, entrou a importância do sujeito observador. É impossível medir simultaneamente a velocidade e a posição de uma partícula. Devemos escolher ou uma ou outra. Se medirmos a velocidade, a posição da partícula já mudou; se medirmos a posição, escapa-nos a velocidade. Dessa forma, há uma radical indeterminação no mundo subatômico.

Nas palavras do próprio Heisenberg, em seu conhecido livro *Física e filosofia:*

"O ato de observação por si mesmo muda a função de possibilidade de maneira descontínua; ele seleciona, entre todos os eventos possíveis, o evento que realmente ocorreu. Portanto, a transição entre o possível e o real ocorreu durante o ato de observação."

Isso significa reconhecer que o sujeito observante influencia o fenômeno observado. Mais ainda. O observador, consoante a mecânica quântica, é imprescindível tanto para a constituição quanto para a observação das características de um fenômeno atômico.

Na observação, elétrons, que são simultaneamente partícula e onda, tornam-se, como por encanto, ou partícula ou onda, a depender do tipo de experiência que o sujeito se propõe fazer.

O sujeito entra, portanto, na constituição do real. Descrevendo o real, descrevemos também a nós mesmos, implicados nesse real. O mundo não é a colação de objetos distintos: ele é uma rede de relações entre as diversas partes de um todo unificado. O ser humano é parte constituinte desse todo e é ele que define constantemente o campo real que observamos. Como escreveu uma conhecida física quântica, Danah Zohar: "a realidade acontece quando a vemos; como a realidade acontece, depende de como a vemos" (*O ser quântico*, pp. 45, 48). O ser consciente con-cria o universo; o sujeito entra em diálogo com o seu meio e dá forma concreta a uma das múltiplas possibilidades da função de onda/partícula.

Se o observador consciente entra na con-formação da realidade, então a questão da consciência é fundamental para a física. Não são poucos os autores que colocam a consciência como a ponte entre a vida cotidiana (a matéria com seu peso e medida, seu espaço e tempo) e a realidade quântica (a energia aparecendo como partícula e onda).

Sem entrar em análises mais pormenorizadas, podemos dizer, com os físicos quânticos, que o essencial da consciência é sua unidade relacional, sua inteireza indivisível. Próprio da consciência é sintetizar todo tipo de experiência e apresentar uma unidade que recolhe, como num nó, toda a teia de relações. Em termos quânticos, significa que as ondas vibram de forma tão uníssona e se sobrepõem tão completamente que constituem uma única onda. Ou que as inúmeras partes que compõem um sistema ordenado se comportam como um todo e se fundem formando um todo único. Sobrepõem-se de tal forma que perdem completamente a própria individualidade (condensado Bose-Einstein de tipo Fröhlich), qual o uníssono de muitas vozes. Quando isso ocorre, emerge a consciência.

A emergência da consciência na evolução do universo

Quando se dá esse fenômeno? Somente no nível humano?

Na perspectiva quântica, tudo o que existe preexiste, e o que existe e preexiste coexiste. A consciência, como todos os demais seres, possui a sua ancestralidade e sua genealogia. Ela desenvolveu-se através de um longo processo evolutivo, a partir de formas elementares de relação. Assim, observou-se que todos os sistemas vivos apresentam o fenômeno da sobreposição das funções de onda, e por isso surge uma inteireza relacional. Uma ameba, ou mesmo um caramujo, apresenta certo nível de consciência nesse sentido de totalidade relacional. Podemos retroceder na busca das raízes da consciência e chegaremos às partículas elementares. A consciência não é uma propriedade da matéria, mas essencialmente um relacionamento entre duas ou mais partículas de matéria.

"Assim, a forma mais elementar possível seria uma consciência muito primitiva, ligada a duas partículas com funções de onda sobrepostas. Qualquer coisa acima disso, os muitos estados e graus de consciência dependeriam dos muitos tipos e graus de relacionamento, que, por sua vez, dependeriam dos muitos tipos e graus de estrutura. Nossa consciência humana, portanto, não é diferente em espécie daquela associada às mais elementares formas de vida ou à matéria elementar, mas é diferente em grau e em nível de complexidade" (Danah Zohar, O ser quântico, *p. 124).*

A diferença, pois, é de grau, não de princípio.

Desde o início, quando houve a primeira sobreposição de onda entre dois elétrons – portanto, quando se estabeleceu a primeira relação entre dois seres elementares –, aí se anunciava a consciência em sua forma mais primitiva. O elétron funciona como observador. Entra em relação com o meio. Age e interage, carrega experiências acumuladas. Esse processo con-cria a realidade assim como existe. A consciência aí ascendendo, tornando-se complexa, sendo cada vez mais criativa, até alcançar o patamar humano. Aqui, o observador autoconsciente ganha maior força de criatividade e co-produção do mundo.

Somos também expressão da estrutura última de todo o ser, a dualidade partícula/onda. O lado partícula em nós se densifica, e surge o que chamamos corpo. O lado onda em nós origina a mente. Nós somos simultaneamente partícula e onda (corpo e mente). As centenas de partículas subatômicas se apresentam sob dois tipos básicos: férmions e bósons. Os férmions constituem um conglomerado de partículas que dão origem à matéria (elétrons, prótons e nêutrons). Suas funções de onda se sobrepõem em pequena escala. Por isso existem solidez da matéria e pouca relação. Os bósons (fótons, glúons e grávitons) são partículas de relacionamento. As funções de onda se sobrepõem e, por isso, criam a unidade do universo relacional. Têm menos densidade e são mais comunicação. Bósons existem desde o início. São parceiros da criação. À medida que somos corpo, estamos do lado dos férmions; à medida que somos mente, estamos do lado dos bósons. Somos uma realidade que, de forma simultânea e complementar, se afirma e está aí (corpo), mas ao mesmo tempo nos abrimos e entretecemos uma complexa trama de relações em todos os níveis de nossa existência (espírito).

Na visão quântica e da nova biologia, que dialoga com ela, já não se vê a matéria como algo estático e inerte. É algo ativo e vivo, pois a matéria possui reatividade e interioridade. Em cada partícula de um ser existe uma história de bilhões de anos, mutações e interações com outras partículas. Tudo isso introduziu modificações irreversíveis, marcas ligadas à sesta do tempo, à evolução e à história. "Portanto, toda a matéria do universo se caracteriza pela reatividade, criatividade e, neste sentido, diálogo" (R. Weber, *Diálogos com cientistas e sábios*, p. 227).

Por causa dessa dinâmica, a criação toda revela um sentido de direção; tende a gerar formas cada vez mais complexas e interativas. Nos seres vivos, mostra-se um sentido cada vez mais nítido. O sentido realiza-se no todo cada vez mais sofisticado de dialogação e de criação. Os seres vivos são complexos organizacionais abertos, sem um equilíbrio rígido (Priogogine chama isso de "estruturas dispersivas") e em permanente simbiose com o meio, num ininterrupto fluxo dinâmico. Esse jogo não é aleatório, regido pelo acaso e pela necessidade (contra J. Monod); mas é espontâneo, novo e criativo. Mostra uma auto-organização, uma auto-regulação e uma beleza cada vez mais grandiosas. O caos é sempre generativo e vai criando ordens sempre mais complexas e criativas. A vida tende a criar continuamente mais vida e maior unidade holística, pan-relacional; vale dizer, ela se torna cada vez mais interiorizada e assim consciente e autoconsciente.

Essa criatividade se manifesta eminentemente na pessoa humana. Ela se encontra em permanente dialogação com a realidade à sua volta. Atualiza potencialidades da natureza e as transforma em história. Atua sobre si mesma e vai criando sua própria história em articulação com a totalidade do universo no qual está inserida e da qual é parte. Sua subjetividade também é partilhada: acolhe o outro, abre-se o mundo como valor. Cada ser humano se torna responsável pelo mundo, porque, na relação com ele, ajuda a criá-lo. A consciência constitui a dinâmica básica por meio da qual o universo se expande. Quanto mais crescem a consciência e o nível de dialogação com o mundo, mais se acelera o processo evolutivo, mais emergem complexidades, maior se revela o sentido de unidade na riqueza das diversidades. Mais e mais o universo se acerca do seu ponto ômega.

Nessa perspectiva quântica, como se depreende, o ser humano emerge como um ser de relações. Ele se insere no universo das energias que se apresentam simultânea e complementarmente como partículas e ondas; convive com esses contrários, conferindo dinamismo à sua unidade. Por outro lado, os contrários que não são contraditórios (um não anula o outro) se complementam, dando ainda maior expressão ao fluxo vital.

Sua característica singular reside no fato de ser auto-onisciente. Com isso, forma um todo relacional, resume em si o universo. Pela consciência, revela sua característica essencial: ser criador. Continuamente interage com o universo; pode criar unidades e coerências cada vez mais complexas e ricas.

O ser humano criado-criador

O ser humano emerge, pois, como concriador do universo. Nas palavras de Danah Zohar, uma das físicas que mais ajudou, ao lado de David Bohm, Hya Priogogine, Fritjof Capra e outros, a formular uma cosmovisão quântica:

"A cosmovisão quântica transcende a dicotomia entre mente e corpo, entre interior e exterior, revelando-nos que as unidades básicas constitutivas de mente (bósons) e as unidades básicas constitutivas da matéria (férmions) brotam de um substrato quântico comum (o vácuo que é cheio, pois se trata do oceano das energias cósmicas) e estão empenhadas num diálogo mutuamente criativo, cujas raízes remontam ao próprio cerne da criação da realidade. Em outros termos, a mente é relacionamento; e a matéria, aquilo que é relacionado. Nenhuma delas, sozinha,

poderia evoluir ou expressar algo. Juntas, elas nos dão os seres humanos e o mundo" (O ser quântico, *p.* 292).

A percepção da unidade do todo e da interligação de todos os seres evoca, como primeiro sentimento, o senso da fraternidade universal, a reverência para com a criação e a com-paixão para com o lado sofredor da criação. Custa-nos tolerar a terra ferida e seus habitantes penalizados por aqueles que rompem egoisticamente o todo em benefício de uma parte. Sentimos responsabilidade para com a totalidade dinâmica, coexistente e harmônica. Todos têm direito de viver solidários e sentir sua inclusão num todo maior.

A partir dessas considerações, surge clara a eminente dignidade de todo o criado, especialmente de cada ser humano. Nele se capitalizam as energias cósmicas e o sentido do universo. Por meio de sua consciência, cujas raízes remontam ao princípio do bigue-bangue, o universo interage e mostra totalidades relacionais cada vez mais complexas. Sua dignidade suprema está em ser concriador do universo. Não era outra a intuição das religiões e do pensamento humano mais ancestral e moderno, como vimos no início de nossas reflexões, quando se falava do ser humano, homem e mulher, como criado-criador, como ser-abertura, como pessoa, como um nó de relações, como responsável pelo seu destino próprio e o dos outros e como um ser de participação na construção política da história.

Por isso, também não há violência maior feita ao ser humano do que impedi-lo de exercer sua consciência e sua liberdade para estabelecer relações cada vez mais abertas e inclusivas. Por aí vemos o quanto devemos mudar em nossas sociedades e nos modelos de convivência para estarmos à altura da vocação humana. A luta pelos direitos humanos, na perspectiva das vítimas, é uma luta política, pois deseja erradicar as causas político-sociais que produzem a permamente violação da dignidade humana. Essa luta política inclui a gestação do homem novo e da mulher nova, convertendo sua mente e seu coração para o ato criador, para o sentido da totalidade orgânica e da "fraternura" (fraternidade e ternura) universal para com todos os seres da criação. Se sua mente estiver límpida e seu coração pleno de amor, sua relação para com o universo dos seres, a começar pelos que sofrem, será de com-paixão e de responsabilidade para com a cura das chagas que sangram injustamente.

Essa luta, para que seja universal, deve começar pelos últimos, aqueles que sempre são os humilhados e ofendidos da história. Somente a partir dos últimos pode abrir-se aos penúltimos e antepenúltimos, enfim, a todos os demais, liberando a criatividade e refazendo a fraternidade rompida, nos quadros de uma sociedade na qual não haverá primeiros e últimos, mas simplesmente cidadãos e irmãos e irmãs.

Daí o caráter messiânico e profundamente libertador dos grupos que organizam a luta pelos direitos humanos a partir da ótica dos empobrecidos, marginalizados e excluídos. Pelo fato de serem humanos, eles estão con-criando o universo. Por que são obstaculizados de ser con-criadores do mundo humano no qual querem viver? Por que devem ser atrelados à criação excludente de uma classe ou subalternizados por aqueles que apropriam somente para si os instrumentos de participação social e política?

Precisamos fazer o nosso grande êxodo, atravessar o Mar Vermelho do mundo das exclusões para o mundo das inclusões, da realidade da repetição para a realidade da criação; importa atravessar o nosso Rubicão que nos mantém na pré-história de nós mesmos, para irrompermos na terra prometida dos seres humanos entrelaçados por uma rede de vida, de sentido de colaboração, de diferenças que se complementam, construindo juntos o reino humano no qual a própria seta da criação ascende rumo a uma unidade orgânica e supremamente bem-aventurada a que nós chamamos Deus.

O masculino no horizonte do novo paradigma civilizacional

A crise generalizada dos paradigmas afetou um dos mais consistentes deles, o masculino. Que significa o masculino em termos de gênero? Por que também ele está em crise? A crise do masculino está intimamente ligada ao paradigma dominante da cultura que desde o período Neolítico é hegemonizada precisamente pelos homens. Que propósito se esconde por trás de todo esse imenso processo civilizatório, que alcança, nos dias atuais, uma de suas culminâncias?

Esconde-se a figura do Adão bíblico, que coloca como seu propósito dominar a Terra e tudo o que ela contém. Oculta-se a figura mitológica de Prometeu, que, ao conquistar o fogo, fez-se senhor do processo civilizatório, assentado sobre o poder-dominação do homem-varão.

A vontade de potência e de dominação é o projeto antropológico em vigor desde o Neolítico. Apropriar-se das forças da natureza, expandir-se no espaço, conquistar outros povos e submetê-los: eis o sonho maior que mobilizou aqueles que foram e continuam sendo os detentores dos meios de poder, de ter e de saber.

O paradigma patriarcal do poder-dominação

O projeto de poder-dominação ganhou caráter mundial a partir do século XVI, com a expansão imperialista européia, sustentáculo material da modernidade. Naquela época começou a ser montada a máquina mercantilista e industrialista. Haviam-se construído já as bases filosóficas para tal empresa, por intermédio do pensamento dos fundadores do cânon ocidental. René Descartes, por exemplo, ensinava que o ser humano deve ser "o mestre e o dono da natureza". Ou Francis Bacon, o pai do método científico, via o laboratório como uma câmara de torturas de inquisidor. Deve-se forçar, coagir, torturar a natureza, escrevia ele, até que ela entregue todos os seus segredos. Foi ele o autor da expressão: "saber é poder". E o poder era entendido como capacidade de dominar.

Aqui se radicalizou o antropocentrismo: a dominação total da natureza pelo ser humano. Confirma-se o patriarcalismo, pois o projeto de dominação foi excogitado e implantado pelo homem-varão, marginalizando a mulher e identificando-a com a natureza. Uma e outra, no seu entender, devem ser submetidas pelo homem-varão. O antropocentrismo se revela, portanto, como androcentrismo.

Essa base filosófica foi conjugada com a base científica. Galileu Galilei, Copérnico e Newton forneceram a nova imagem do mundo, fundada na matemática, na física e na astronomia beliocêntica. O casamento da teoria com a prática originou a cosmologia moderna, a imagem do mundo que imperou até o advento da física quântica e da nova biologia, que originaram, por sua vez, a cosmologia contemporânea.

A cosmologia moderna possui as seguintes características: é materialista e mecânica; é linear e determinística; é dualista e reducionista; é atomística e compartimentada.

O universo, nessa percepção do mundo (cosmologia), é composto de matéria essencialmente estática e inerte. Ele funciona como uma máquina que existe desde sempre. As leis são determinísticas e permitem uma descrição matemática exata de todos os fenômenos. A lógica é linear, pois para cada efeito existe a sua causa correspondente. Toda a complexidade da realidade é reduzida aos seus elementos mais simples. É reducionista porque reduz a capacidade de conhecimento dos seres humanos somente ao enfoque científico e reduz também a capacidade da natureza de se regenerar criativamente, quando submetida à manipulação técnica. Vê todos os sistemas compostos pelos mesmos elementos básicos (os átomos indivisíveis e inertes), discretos, justapostos, sem qualquer relação uns com os outros, cujos processos são todos mecânicos. É dualista porque separa matéria e espírito, homem e mulher, religião e vida, economia e política, Deus e mundo. O espírito vem ignorado ou isolado à esfera do privado. O que conta é a matéria, destituída de qualquer irradiação e propósito, entregue ao projeto de desenvolvimento querido pelo ser humano.

Já se disse que os efeitos dessa visão reducionista e dividida sobre a mente humana correspondem a uma verdadeira lobotomia: deixou-nos obtusos para as maravilhas da natureza e insensíveis em face da reverência que o universo naturalmente provoca. Deixou-nos desencantados. Há coisa pior do que perder a magia, o brilho, a irradiação da vida, das pessoas, das coisas e do universo?

Em termos sociais, a vontade de potência se concretizou como vontade obsessiva e desmesurada de enriquecer, de conquistar novas terras e de subjugar outros povos. Tal propósito se traduziu em colonialismo, em imperialismo e na imposição de uma monocultura material. Aplicou-se à sociedade o que Darwin ensinou acerca da evolução das espécies e da seleção natural: só sobrevive o mais forte. Isso significa: as classes tidas por mais fracas e os povos considerados menos desenvolvidos devem ser subordinados aos autoproclamados mais fortes.

Pelo fato de ser baseado na violência sobre a natureza, sobre as classes, sobre os países mais fracos, esse paradigma de desenvolvimento terminou, nos dias atuais, ameaçando o equilíbrio físico-químico do planeta Terra, destruindo as florestas, contaminando a atmosfera e as águas, envenenando o solo e o subsolo; numa palavra, gerando má qualidade de vida para os seres humanos e para toda a biosfera. Junto com as forças produtivas, devemos tomar em muita conta as forças destrutivas, hoje uma verdadeira máquina de morte, montada contra a vida na Terra.

Alcançamos, nos dias atuais, um ponto em que as virtualidades desse paradigma civilizacional não conseguem dar conta dos nós problemáticos surgidos com os efeitos negativos sobre o equilíbrio ecológico. Pelo contrário: dramatizam ainda mais a situação e aceleram as forças destrutivas.

A emergência do novo paradigma da re-ligação

Já a partir do início deste século, esse paradigma começou, teoricamente, a ser erodido pela física quântica, pela teoria da relatividade, pela nova biologia, pela ecologia e pela filosofia crítica. Estava surgindo já então um novo paradigma. Ele tem uma caráter holístico, sistêmico, inclusivo, pan-relacional e espiritual. Entende o universo não como uma coisa ou justaposição de coisas e objetos, mas como uma rede de relações entre todas as coisas, inter-retroconectando tudo com tudo, em todas as direções, gerando uma imensa interdependência cósmica. Cada ser depende do outro, sustenta o outro, participa do desenvolvimento do outro, comungando de uma mesma origem, de uma mesma aventura e de um mesmo destino comum.

O universo (desde as energias mais originárias e as partículas mais elementares até a mente humana) constitui uma comunidade de sujeitos, pois todos os seus componentes, o próprio universo como um todo orgânico, vêm caracterizados por aquilo que constitui um sujeito: a historicidade, a interioridade e a intencionalidade. Ele está inserido num imenso processo evolutivo de uma ordem riquíssima, que se manifesta de muitas formas, seja como matéria e energia, seja como informação e complexidade, seja como consciência e interioridade.

Em vez de ser um universo atomístico, composto de partículas discretas, universo cuja complexidade deve ser quebrada em componentes menores e mais simples, agora esse universo é considerado como um todo relacional, inter-retrorrelacionado com tudo e maior que a soma de suas partes. A natureza da matéria, quando analisada com mais profundidade, não aparece como estática e morta, mas como uma dança de energias e de relações para todas as direções. A Terra não é mais vista como um conglomerado de matéria inerte (os continentes) e água (os oceanos), mas como um superorganismo vivo, articulando todos os elementos, as rochas, a atmosfera, os seres vivos e a consciência num todo orgânico, dinâmico, irradiante e cheio de propósito, parte de um todo ainda maior que nos inclui: o universo em cosmogênese e em expansão.

Essa visão fornece a base para uma nova esperança, para uma sabedoria mais alta e para um projeto civilizacional alternativo. Ela nos permite passar do sentimento de perda e de ameaça, que o cenário atual nos provoca, ao sentimento de pertencimento, de promessa e de um futuro melhor.

Três eixos articulam essa cosmologia nascente: a sustentabilidade ecológica da Terra e das sociedades, baseada numa nova aliança de fraternidade/sonoridade para com a natureza e entre os seres humanos; a diversidade biológica e cultural, fundada na preservação e no respeito a todas as diferenças e na acolhida e no desenvolvimento de todas as culturas; a participação e a comunhão nas relações sociais e nas formas de governo, inspiradas na democracia, entendida como valor universal a ser vivido em todas as instâncias (família, escola, sindicatos, igrejas, movimentos de base e Estado) e com todo o povo.

Esse novo paradigma não é ainda hegemônico. Perdura vastamente ainda aquele da modernidade, atomístico, mecânico, determinístico e dualista, apesar de sua refutação teórica e prática. Perdura porque é funcional aos propósitos das classes dominantes e dos organismos que lhes permitem a reprodução (escolas, universidades, metodologia bancária). Elas mantêm o povo e até pessoas de formação elevada na ignorância acerca da nova visão do mundo. Continua a impor um sistema global cujos frutos maiores são a dominação em nível mundial e a sistemática agressão à biosfera.

Mas a crise ecológica confere atualidade e vigor ao novo paradigma. Ele é subversivo para a ordem vigente. Precisamos de uma nova revolução, uma revolução civilizacional. Ela será de natureza diversa da daquelas nascidas a partir da revolução do Neolítico. Terá por base e inspiração a nova cosmologia da re-ligação, da sinergia, da lógica da complexidade e da pan-relacionalidade.

Mas, para isso, temos de mudar nossa forma de pensar, de sentir, de avaliar e de agir. Devemos ter mais sabedoria que poder, mais humildade que arrogância, mais vontade de sinergia que de auto-afirmação, mais vontade de dizer "nós" do que "eu", mais capacidade de integração entre o princípio masculino e o princípio feminino do que perpetuar a luta dos sexos. Por essas atitudes, os seres humanos poderão se salvar e salvar o seu belo e radiante planeta.

Esposamos a idéia de que estamos em crise de parto, assistindo ao nascimento de um novo patamar da hominização, seu caráter planetário, rumo a uma única sociedade mundial, constituindo a noosfera, sonhada por Teilhard de Chardin já nos anos 1930: a humanidade, finalmente, descobrindo-se como uma espécie, como família, com uma só mente, com um só coração, convergindo na diversidade de culturas, de visões de mundo e de decifração do mistério do ser humano e do universo.

Recusamo-nos à idéia de que os 4,5 bilhões de anos de formação da Terra terminem com sua destruição. As crises e o sofrimento prenunciam uma grande aurora. Ninguém poderá detê-la. Uma nova revolução civilizacional está por nascer e já dá os primeiros vagidos. De uma época de mudança, passamos à mudança de época.

O resgate do princípio feminino

O poder é uma das características fundamentais do masculino no homem e na mulher. O poder na forma de dominação, entretanto, representa uma patologia. Por isso, nossa civilização, estigmatizada pela dominação em quase todas as áreas, produz a inflação do masculino, do patriarcalismo e do machismo. São produtos do patriarcado o tipo de ciência que praticamos e o tipo de desenvolvimento que operamos. Ambos são reducionistas, fragmentados e excludentes da natureza e da mulher. Nessa forma, o poder-dominação não desumanizou apenas os homens, mas também as mulheres. Os homens recalcaram sua dimensão de *anima* e não permitiram que as mulheres realizassem sua dimensão de *animus*.

Em razão dessa errância, fica claro que a questão do masculino, nos dias de hoje, reside no feminino negado, reprimido ou não-integrado. Para ser plenamente humano, o homem precisa reanimar nele o seu feminino e reeducar o seu masculino. Somente então podem ambos, homem e mulher, entreter relações civilizatórias, humanitárias e realizadoras do mistério humano feminino-masculino.

A grande tarefa civilizacional, talvez a mais urgente nos dias atuais, consiste no resgate do princípio feminino. Chamo atenção para o fato de que não falo de categoria feminino/masculino, mas de princípio feminino/masculino. Afasto-me decididamente da ideologia do gênero, sexista, baseada no sexo biológico, que constrói social e culturalmente as categorias do masculino e do feminino de forma dualista e excludente. Ela distribui os papéis, os valores e os antivalores: a criatividade, a atividade e a violência tributados ao masculino; e a passividade, a receptividade e a não-violência, ao feminino.

Precisamos ultrapassar essa visão excludente e entender a sexualidade num nível ontológico, não como algo que o ser humano tem, mas como algo que ele é. O masculino não diz respeito somente ao homem, mas também à mulher. O feminino não ganha corpo apenas na mulher, mas também no homem. Esse feminino representa o princípio de vida, de criatividade, de receptividade, de enternecimento, de interioridade e de espiritualidade no homem e na mulher. Portanto, trata-se de um princípio inclusivo e seminal que entra na constituição da realidade humana.

O resgate do princípio feminino junto com o do masculino propicia uma nova inteireza à humanidade, ao transcender as distorções na relação homem-mulher e ao ultrapassar o sexo biológico de pertencimento. Significa não somente libertação dos humanos, especialmente da mulher, mas também da natureza e das culturas não-estruturadas no eixo do poder-dominação, equiparadas ao fraco e ao frágil – portanto, ao feminismo cultural.

A recuperação do princípio feminino permite um processo de libertação mais integral e verdadeiramente includente, pois parte do feminino oprimido. O oprimido tem um privilégio histórico e epistemológico pelo fato de possuir uma percepção mais alta que inclui o opressor como ser humano. O opressor exclui o oprimido, pois o considera uma coisa ou um ser humano menor, subordinado e dependente. A libertação deve começar pelo oprimido para acabar com o opressor. Só então ambos se encontram sobre o mesmo chão comum, como humanos, construindo juntos, na igualdade e na diferença, a sociedade e a história.

A inclusão do princípio feminino obrigará toda a cultura masculinizante a questionar seu paradigma fundacional. Como vimos, ele radica-se no poder-dominação, hoje vastamente em crise. O pensamento da crise, no interior do mesmo paradigma, não pode trazer soluções. O veneno que mata não pode ser o remédio que cura. Os únicos que podem oferecer algo alternativo e terapêutico são aqueles que foram vistos como incapazes de pensar, por não serem suficientemente racionais e produtivos. Ora, os que pretendiam trazer as luzes (os iluministas) nos conduziram às trevas atuais. Os que se propunham a difundir a razão, a ciência e a técnica por todos os quadrantes estão nos conduzindo ao pior, à destruição e ao desaparecimento.

O princípio feminino é sanador e libertador, pois se move num outro paradigma e opera numa outra lógica. Seu paradigma básico é a vida, e não o poder; o respeito e a veneração pela vida, e não a agressão e a dominação. A lógica da vida não é a redução e o isolamento, arrancando os seres do seu meio real e analisando-os em si mesmos ou manipulando células, genes e microorganismos fora de seu ecossistema. A lógica da vida é a complexidade, é a teia de interações em todas as direções e em todos os lados, é a sinergia e a pan-relacionalidade.

Ora, o feminino consiste na capacidade de viver o complexo, de elaborar sínteses, de cultivar o encantamento do universo, de cuidar da vida, de venerar o mistério do mundo, de elaborar um desenvolvimento com a natureza, e não contra ela, de alimentar o *esprit de finesse* para contrabalançar o *esprit de géometrie*.

O feminino – porque obedece à lógica do complexo e porque naturalmente é inclusivo – representa o único caminho para a humanidade, para um planeta sustentável e para a convivência pacífica e solidária entre o Norte e o Sul.

A introdução do princípio feminino representa um desafio ao paradigma machista, cujo desenvolvimento e prática técnico-científica implicou o domínio, a destruição, a violência, a expropriação e a marginalização da mulher e da natureza, hoje considerados supérfluos. O princípio feminino propicia uma economia política de vida, devolve importância à natureza, resgata o sentido da Terra como Grande Mãe, superorganismo vivo, Gaia e Pachamama. Ele se transforma num caminho não-violento de interpretação e transformação do mundo, num reforço de todos os processos sinergéticos que respeitam a diversidade e que nela buscam convergências que interessam a todos, o bem comum humano e sociocósmico.

O homem que evoca em si e integra sua dimensão de *anima* incorpora, junto ao seu vigor, a ternura; junto ao trabalho, a gratuidade; junto à razão, a emoção; junto ao *logos*, o *pathos* e o *eros*. Ele emerge mais humano, relacional e liberto das malhas que o desumanizavam a mulher e a natureza. Agora, diferentes e juntos, podem construir o humano de forma mais dialética, tensa, dinâmica, aberta a novas e surpreendentes sínteses.

Arquétipos da integração masculino/feminino

Não bastam idéias. Faz-se mister a existência de símbolos reais e arquétipos evocadores que viveram existencialmente a relação paradigmática do feminino com o masculino. Cada cultura possui suas figuras seminais e exemplares a partir das quais cada um se espelha e se sente provocado a realizar o seu mito pessoal. Na nossa cultura ocidental, temos duas figuras que se transformaram em arquétipos de grande irradiação, pois são arquétipos de integração e de síntese: Jesus de Nazaré e Francisco de Assis.

Em Jesus, notamos a convivência fascinante da ternura e do vigor. Se por um lado possui a determinação dos profetas ao denunciar a manipulação do religioso e da imagem de Deus no interesse do poder estabelecido, por outro mostra uma ternura própria do feminino e do materno, para com as crianças, os doentes, os destituídos e os marginalizados. Contrariamente aos hábitos culturais do tempo, deixa que mulheres o sigam como discípulas, entretém amizade terna com Marta e Maria, suas amigas, e uma liberdade escandalosa em relação à pecadora pública Maria Madalena, ao permitir que faça o rito erótico da unção de seus pés com perfumes e seu enxugamento com os cabelos. A imagem que revela de Deus – *Abba*, na linguagem infantil da cultura aramaica, "meu querido paizinho" – mostra claros traços de mãe pela incomensurável misericórdia e ilimitada bondade ao dar "o sol e a chuva a bons e maus e a justos e injustos".

Francisco de Assis – chamado de "o primeiro depois do Único" ou de "o último cristão" –, no seguimento de Cristo, viveu uma rara integração do feminino e do masculino. Como nunca antes no Ocidente se viu tanta comoção em face da natureza e de todos os elementos, chamando-os de irmãos e irmãs. Entreteve com Clara de Assis uma relação de profundo amor, que se transfigurava pelo *agape*, mas sem perder sua densidade de afeto e de *eros*. Entendia a função de coordenação na comunidade como um exercício de maternidade, a ponto de pregar aos seus seguidores serem mães uns para com os outros, no cuidado de todas as necessidades. O complexo mais difícil de ser integrado no processo de individuação – o da morte – foi por ele integrado genialmente, invocando a morte como irmã e ao querer morrer cantando.

Tanto Jesus de Nazaré quanto Francisco de Assis são arquétipos de nosso inconsciente coletivo. Como tais, eles podem ser evocados e ganhar corporificações atuais, em face da crise dos paradigmas e de nossa aliança com a Terra. Podem ser inspiradores de alternativas benfazejas para toda a humanidade.

Podemos identificar, em nossa cultura local, a brasileira, também figuras que assumem a função de arquétipo, ou que evocam em nós o arquétipo da integração. Seguramente, um deles é Chico Mendes, o mártir dos povos da floresta e da ecologia. Como ninguém, vivia integrado na floresta amazônica e, ao mesmo tempo, entregue à constituição de sindicatos combativos e de resistência à devastação da biodiversidade da região amazônica. Era destemido como um profeta e terno como uma mãe. Em meio aos conflitos e às ameaças de morte, não perdia seu ar de doçura e irradiação, de serenidade e de paz.

No campo religioso, cabe aventar a figura de Dom Hélder Câmara, o maior profeta do Terceiro Mundo. Homem frágil e combalido, irradia ternura e benevolência contagiantes. E ao mesmo tempo, quando ergue sua mão em riste contra as injustiças aos condenados da Terra, mostra um vigor inusitado.

No campo das artes, excele o cantor, poeta e escritor Chico Buarque de Holanda, seja como autor de textos inspirados de integração do masculino e do feminino, seja como figura que em si esplende um diálogo profundo com essa dimensão do humano. Produziu textos e uma melódica que intencionalmente projetam o sonho da síntese feliz entre o masculino e o feminino. E vive-a em sua pessoa e figura terna e fraterna e, ao mesmo tempo, forte e vigorosa. Algo semelhante poderíamos dizer de Caetano Veloso e de outros.

Na América Latina, ganharam relevância mundial as figuras de Che Guevara e José Martí. Guevara representa o revolucionário absoluto, totalmente entregue à causa da libertação dos oprimidos, com todo o empenho que tal missão comporta. E, ao mesmo tempo, podia viver e testemunhar: "hay que endurecer, pero sin perder la ternura jamás". José Martí é um dos maiores gênios latino-americanos: poeta, escritor, pedagogo, pensador de "nuestra América", estrategista e combatente pela libertação de Cuba e da Pátria Grande, pois morreu com as armas na mão. E, ao mesmo tempo, seus poemas, sua figura e sua produção intelectual revelam tanta doçura e amorosidade só possíveis a quem realizou em alto grau a integração do masculino e do feminino em seu processo de personalização.

Todos esses e tantos outros constituem referências exemplares da realização do sonho da síntese entre o masculino e o feminino, sempre ansiada e raramente realizada. Suas vidas revelam a possibilidade da antecipação do utópico nas condições e limites do tempo histórico. Por isso transformaram-se em arquétipos de transformação e de síntese.

O homem-varão é chamado a revisitar sua *anima* e, junto com o *animus,* a construir uma história de integração, de pan-relacionalidade e de sinergia. Não se definirá mais pela sua condição sexual (casado, solteiro, divorciado, heterossexual, homossexual, bissexual, etc.), mas pelas características da personalidade, feminina/masculina, solidária, cooperativa, antiautoritária e aberta a novas sínteses. Sentir-se-á um ser espiritual, capaz de dialogar com o seu eu profundo e escutar aquela mensagem que vem de lá, captar a Palavra reveladora que se expressa em mil ecos nas culturas e nas tradições espirituais e religiosas da humanidade.

Integrado na diversidade masculino/feminino, poderá o homem irradiar uma vida com mais inocência (= o poder não-destrutivo), com menos conflitos dilaceradores e com mais chances de ser feliz, associado ao destino da mulher, do planeta Terra e do inteiro universo.

Consciência negra e processo de libertação

Se não sou negro por raça, posso ser negro por opção política, quer dizer, mesmo não sendo negro, posso assumir a causa de libertação dos negros, defender o direito de suas lutas, reforçar, como puder, sua organização e sentir-me aliado na construção de um tipo de sociedade que torne cada vez mais impossíveis a discriminação racial e a opressão social e que veja como riqueza a diferença e a acolha como complementação.

Nesse horizonte serão apresentadas algumas reflexões introdutórias para enfatizar o nexo entre consciência negra e processo global de libertação.

Negros: os primeiros libertários do Brasil

Por todas as partes emerge a consciência negra, em setores importantes, dos 60 milhões de negros que compõem a população brasileira. A irrupção dessa consciência tem dois significados fundamentais:

- o primeiro detecta o pecado original que subjaz a toda a nossa sociedade; o mecanismo de violência organizada que preside as nossas relações sociais, tornando ilusória nossa democracia racial;

- o segundo reclama o resgate de uma identidade negada e, ao mesmo tempo, faz uma poderosa reafirmação de uma cultura silenciada cujos valores devem entrar num projeto coletivo que supere as contradições e antagonismos presentes, hoje numa perspectiva nacional e mundializada. Consideremos cada um desses significados axiais.

Consciência negra como negação da negação

A consciência negra nos dá conta dos cinco "nãos" históricos de que os negros e em geral os pobres e marginalizados são vítimas.

O primeiro "não" vem do processo colonial. Ser colônia significa: ser reduzido a não-povo, não ter autonomia como povo; não ter um projeto próprio, uma história independente e uma identidade própria. É existir para os outros, produzir para outros e entregar a vida e a morte nas mãos do invasor.

O segundo "não" vem da escravidão: é ser feito não-pessoa, peça, coisa, ser bestial (expressões cotidianas no linguajar dos escravagistas); alguém arrancado de seu continente, a África, tratado como animal, sem nenhum direito, feito instrumento de riqueza dos senhores e que, depois de explorado durante oito/dez anos (esse era o tempo de vida útil do escravo), era jogado fora e substituído por outro

O terceiro "não" resulta da exclusão social: é ser feito não-cidadão. Da senzala, foi jogado diretamente na favela, sem nenhuma compensação ou pedaço de terra ou casa ou ferramenta para começar a trabalhar.

O quarto "não" provém do racismo: é ser feito não-digno, não-inteligente, não-puro, ser inferior e desprezível, pelo fato de ser negro de raça e de cor preta.

Por fim, o quinto "não" deriva da marginalização religiosa: é ser considerado não-filho de Deus, pois é ser tido como filho da maldição de Caim e presa do demônio; a escravidão social, dizia-se, é expressão da escravidão sobrenatural a que estão sujeitos os africanos por causa da cor de sua pele.

Esses "nãos" provocaram uma paixão coletiva de um povo, que supera as estações da via-sacra do Filho de Deus; um sofrimento generalizado tão grande que quase matou, nos negros, a consciência de serem pessoas.

As violências que sofreram, as torturas diversas, o pavor a que foram submetidos pela mutilação, pelo chicote e pelo assassinato fácil, as humilhações de toda ordem tentam ainda hoje a fé de qualquer professante num Deus providente e bom e transformam a esperança da justiça na história em profundo abatimento. Por isso, possui valor teológico o grito lancinante dos versos de Castro Alves, de "Vozes d'África":

"Deus, ó Deus, onde estás que não respondes! Em que mundo, em que estrela tu te escondes, embuçado nos céus? Há dois mil anos te mandei meu grito, em embalde, desde então, corre o infinito... Onde estás, Senhor Deus?"

E, apesar disso, os negros a tudo resistiram e aí estão na nossa sociedade, com uma esperança e uma fé que confundem a sensatez da razão.

Por causa deles, recusamo-nos a aceitar que o acúmulo de sofrimento não tenha um valor universal e não traga lições para toda a humanidade, à condição de os negros e negras falarem, testemunharem e animarem uma luta para que nunca mais na humanidade se perpetre semelhante desumanidade sobre ninguém e sobre nenhum povo ou etnia.

A consciência negra mantém viva essa *memoria passionis* e

nos acende a má consciência necessária de que nós somos os causadores das iniqüidades que os afligem. E que temos o dever de reparação histórica e de fazimento, juntos, de uma justiça que ainda não chegou.

Até o Juízo Final, os negros têm o direito de gritar aos céus contra nossas perversidades e cobrar uma dignidade que ainda não lhes foi suficientemente reconhecida.

A escravidão desumanizou a todos. Desumanizou os senhores de escravos. Viveram a escravidão numa permanente síndrome de medo de revoltas, de envenenamentos, de assassinatos de patrões, de filhos, de assaltos a suas mulheres. Os escravos eram quase sempre muito mais numerosos que os brancos. Em Salvador e na capitania de Sergipe, por volta de 1824, eram 666 mil escravos e 192 mil brancos livres (Clovis Moura, 1988, 232). Em 1818, no Brasil todo, 50,6% da população eram de negros escravos (Beozzo, *Igreja e escravidão*, 1980, p. 259). Para aplicar a violência que impuseram aos negros, tiveram de reprimir sua capacidade de compreensão, de humanidade, de compaixão. Por isso, até hoje as classes dominantes, herdeiras da ordem escravagista, são habitadas por preconceitos de que os negros, os mulatos, enfim, os pobres, nada valem, devem ser tratados com violência e dureza; os salários de fome são entendidos como manifestação de generosidade, e não um dever de justiça, pois os negros, segundo eles, devem simplesmente trabalhar para os outros, como sempre trabalharam. Ainda hoje são os últimos a ser admitidos em algum emprego e os primeiros a ser demitidos.

A escravidão desumanizou muito mais os negros. Darcy Ribeiro, em seu *O povo brasileiro*, resume a condição escrava:

"Sem amor de ninguém, sem família, sem sexo que não fosse

a masturbação, sem nenhuma identificação possível com ninguém – seu capataz podia ser um negro, seus companheiros de infortúnio, inimigos –, maltrapilho e sujo, feio e fedido, perebento e enfermo, sem qualquer gozo ou orgulho do corpo, vivia a sua rotina. Esta era sofrer todo dia o castigo diário das chicotadas soltas, para trabalhar atento e tenso. Semanalmente, vinha um castigo preventivo, pedagógico, para não pensar em fuga, e, quando chamava atenção, recaía sobre ele um castigo exemplar, na forma de mutilações de dedos, do furo dos seios, de queimaduras com tição, de ter todos os dentes quebrados criteriosamente, ou dos açoites no pelourinho, sob trezentas chicotadas de uma vez, para matar, ou cinqüenta chicotadas diárias, para sobreviver. Se fugia e era apanhado, podia ser marcado com ferro, ser queimado vivo, em dias de agonia, na boca da fornalha, ou, de uma vez só, jogado nela para arder como um graveto oleoso" (pp. 119-120).

Sob esse tipo de violência, internalizaram dentro de si o opressor, para sobreviverem, tiveram de assumir a religião, os costumes, a língua de seus opressores; tiveram de desenvolver a estratégia do "jeitinho", para nunca dizerem não e, ao mesmo tempo, poderem conseguir um direito ou um objetivo que de outra forma jamais alcançariam; para ascenderem na sociedade dominada pelos brancos, muitos tiveram de embranquecer seu modo de ser e de pensar; tiveram de negar-se a si mesmos, como cultura e como etnia; à força de serem inferiorizados e negados, acabaram perdendo a auto-estima e as dimensões de seu extraordinário papel civilizador na construção do Brasil.

A consciência negra, com os seus vários movimentos, não nos deixa esquecer essa anti-realidade. Destrói o mito de uma democracia racial, de uma benevolência e edulcoramento nas relações sociais brasileiras; elas são, na perspectiva das vítimas, duras, cruéis e sem piedade.

Já em 1883 Joaquim Nabuco escrevia:

"Diz-se que entre nós a escravidão é suave, e os senhores, bons. A verdade, porém, é que toda escravidão é a mesma, e, quanto à bondade dos senhores, esta não passa da resignação dos escravos; quem pudesse abrir um inquérito sobre a escravidão e ouvir as queixas dos que a sofrem veria que ela no Brasil, ainda hoje, é tão dura, bárbara e cruel, como em qualquer outro país da América. Pela sua própria natureza, a escravidão é tudo isso, e, quando deixa de o ser, não o é porque os escravos se resignaram completamente à anulação de toda a sua personalidade" (em Thales de Azevedo, 1975, p. 22).

É mérito dos vários movimentos negros – desde a Frente Negra Brasileira, dos anos 30, do Teatro Experimental do Negro, dos anos 40-50 (com Abdias do Nascimento), e do Movimento Negro Unificado contra a Discriminação Racial (com Leila González, Abdias do Nascimento e outros), dos anos 70, da União e Consciência Negra, dos anos 80, e outros – suscitar permanentemente a questão negra como uma questão não-resolvida na consciência coletiva brasileira.

Consciência negra e libertação para um projeto democrático multiético

A segunda missão da consciência negra é mais construtiva e promissora: resgatar a identidade humilhada e ajudar num projeto de libertação global, pan-humanista, pluricultural, multiétnico, ecumênico e democrático. Enfatizemos apenas alguns pontos.

• *Resgatar a memória histórica a partir da senzala*

Tarefa urgente e ainda não totalmente realizada consiste no resgate da história do sofrimento e das lutas de libertação, feito a partir da perspectiva da senzala e no espírito dos quilombos. A maioria das pesquisas sobre a questão negra vem escrita pela mão branca; portanto, na perspectiva da casa-grande, com uma epistemologia marcada pelos interesses dos agentes da dominação e de seus aliados. Ademais, em grande parte, é uma ciência arqueológica, no sentido de interessar-se pelo passado da escravidão e não perceber a vigência do escravismo tardio (Clovis Moura), que continua até os dias de hoje, no tipo de relação social de exclusão a que estão sujeitos os negros na sociedade dominante dos brancos. Trata-se também de uma ciência, em grande parte, sem práxis política de libertação. Não se trata apenas de saber sobre o negro, mas principalmente de valorizar o saber do negro, saber acumulado de resistência, de luta, de prática organizativa e de sonhos presentes na quilombagem. Importa devolver ao negro o discurso, sua capacidade de nomear-se, de elaborar a consciência de si para si mesmo, como momento de uma consciência para o outro, de resgatar as matrizes de sua experiência histórica de sofrimento e de liberdade.

O resgate da consciência histórica significa um momento da luta de libertação dos negros, e não apenas uma tarefa iluminista e acadêmica. É um momento de constituição do sujeito da libertação que se dá conta de sua inserção iníqua na história da barbárie branca, para *extrojetá-la* de si e elaborar uma prática que a supera e lhe tira as condições históricas de sua reprodução.

A histórica contada pela mão negra não é apenas uma história contra o branco; é uma história própria, que não se confunde com a história de seus opressores e escravocratas, embora esteja ligada dialeticamente a ela. Não quer ser, como diz o escritor negro haitiano René Depestre, "um discurso do dominado, pronunciado segundo as regras de enunciação do discurso dominante" (Zilá Bernd, *A questão da negritude*, 1984, p. 56).

A partir desses postulados, percebe-se que os primeiros lutadores da liberdade no Brasil não foram os brancos oprimidos, não foram os inconfidentes ou outros. Foram os negros. Desde o início da introdução da escravidão, em 1538, e definitivamente a partir de 1549, houve, de forma contínua, persistente e nacional, as revoltas, as fugas e os quilombos (o primeiro dada de 1559, em Pernambuco), estes, às dezenas, em quase todos os estados onde vigorava a escravidão. O mais importante deles se chamou República dos Palmares (1628-1695), ocupando uma área de 27 mil quilômetros quadrados, no que é hoje Sergipe, com 20 a 30 mil habitantes distribuídos em 16 aldeamentos. A prática de libertação dos quilombolas, com seu exemplo de dinamismo econômico, de relações de produção comunitária, de harmonia social e de expressão religiosa sem casta sacerdotal e de comunhão coletiva com o sobrenatural, deve ser resgatada como valor de animação para as lutas dos negros de hoje.

Em seguida, importa reconhecer que os negros foram os que construíram praticamente tudo o que se construiu neste país. Foram os únicos que trabalharam de verdade, porque os senhores só comandavam e recolhiam, preguiçosamente, o fruto do trabalho escravo dos negros. Nas guerras, foram os que mais lutaram. Na Guerra do Paraguai, grande parte da classe senhorial covardemente desertou de seus deveres militares. Em seu lugar, mandaram seus escravos; estes, em número de cerca de 100 mil, morreram nas frentes de batalha, e outros milhares, de malária e de subnutrição. Muitos, ao voltar, foram traiçoeiramente reescravizados.

Apesar disso, eles, que tanto trabalharam, levam a pecha de serem preguiçosos e pouco afeitos ao trabalho sério.

Os negros tiveram uma grande função civilizadora, deram contribuições preciosas nos hábitos familiares, na religiosidade, nos costumes, na língua, na agricultura, na medicina, na culinária, na música, na visão do mundo, carregada de sentido ecológico e místico, sob condições as mais humanas que podemos imaginar (cf. Helena Theodoro Lopes *et alii, Negro e cultura no Brasil*, 1987).

• *Recuperar a cultura negra*

Não existe uma cultura substancialmente definida por si e em si. Uma cultura, bem como uma identidade cultural, instaura-se a partir de uma relação opositiva. É na diferenciação dos outros que um grupo humano se entende e se define. A criança elabora seu eu a partir do confronto com os pais e outros familiares. O homem só se descobre como tal sob os olhos da mulher, e vice-versa. Assim, também a consciência negra emerge quando se dá conta de seu sofrimento, produzido pela cultura branca. Elabora um projeto de resistência, descobre aliados que, embora diferentes, se unem contra um opressor comum. A negritude, nos anos 30, quando surgiu no Caribe (Aimé Césaire e Léon Damas) e na França, respectivamente, e na África (Léopold Senghor e seu grupo do Manifesto de Legítima Defesa, em 1932), queria reafirmar os valores da cultura negra. *Black is beautiful* e *I, too, am America*, do grande poeta negro norte-americano Langston Hughes, mostram esse lado anti-racista do movimento. Querem se afirmar como negros e norte-americanos ou brasileiros ou caraíbas. Não querem ser discriminados pelo fato de serem negros. Querem ser aceitos como negros, na positividade dessa diferença. Ajudam, com seus valores, a construir a nação.

Essa postura é correta. Mas a cultura é algo mais. No confronto com outros, descobre-se que ser negro é uma forma singular de estar-no-mundo. Na verdade, dever-se-ia falar, no plural, das várias culturas negras, porque recobrem várias nações, com línguas, tradições, metafísicas e religiões diferentes. Mas elas têm isso em comum: não são culturas ocidentais. Trabalham outro tipo de racionalidade, outra relação com o corpo, outras emoções, elaboram diferentemente o imaginário, a compreensão da vida, da morte e a relação com os ancestrais. Especialmente, dão outra centralidade à dimensão mística e religiosa do ser humano. Todas as culturas negras são profundamente religiosas, de uma religiosidade cósmica e holística. Recuperar a cultura significa resgatar a legitimidade de suas formas de habitar o mundo, de comer, de se vestir, de dançar, de realizar a sexualidade e o amor, e de rezar. É um esforço de não se deixar assimilar de forma ingênua pela cultura dominante. Mas permitir uma dialogação fecunda com ela a partir das matrizes próprias da cultura dos negros.

- *Manter viva a dimensão ético-moral*

O resgate da cultura e da memória dos negros não é apenas uma questão de história, mas de justiça. Importa jamais esquecer a constatação de que a cultura ocidental branca e o tipo de leitura que se fez da mensagem cristã encarnada sempre se caracterizaram pela utilização indiscriminada da violência na relação para com os outros diferentes. Houve sempre uma dificuldade quase insuperável de acolher a alteridade racial e as diversidades religiosas. Estas foram quase sempre ou destruídas ou incorporadas de forma subalterna e dominada. Os negros são as vítimas mais trágicas dessa estratégia até os dias de hoje.

Por isso, cumpre continuamente denunciar esse vírus devorador presente no paradigma ocidental e mantê-lo sob vigilância, para que não continue na sua obra avassaladora. Por outra parte, importa recolher as poucas expressões de condenação da escravidão, como os jesuítas Miguel Garcia (1583) e Gonçalo Leite (1586), logo punidos com transferência para Portugal; as manifestações de solidariedade para com os escravos na fase tardia da escravidão, como os gestos de Antônio Bento e seus caifases, que ajudaram a montar quilombos; a importância das confrarias, como a de Nossa Senhora dos Remédios; a procissão do escravo torturado e outras.

Mas, principalmente, deve-se martelar na tecla da reparação histórica mediante a reforma agrária, que deveria favorecer preferentemente negros e caboclos; uma política de urbanização das favelas, onde moram as populações negras; uma estratégia de educação e saúde que os atendesse, pois são relegados à desassistência; uma estratégia de geração de empregos que abrisse, principalmente a eles, o caminho da profissionalização e da participação em todos os estratos da sociedade. Essa dívida, as nações outrora escravagistas jamais pagaram a alguém dos descendentes negros.

Pertence também à luta ético-moral a reivindicação do respeito pelo *ethos* negro, ou seja, pela forma singular como organizam a morada social, com seus costumes, sua erótica, seu senso de integração do ser humano, diferente daquele ocidental e branco; sua compreensão do trabalho, da produção e do lazer e a inserção do fator lúdico-musical e religioso em todas as esferas da experiência humana.

- *Reconhecer a legitimidade da experiência religiosa afro-brasileira*

Esse ponto é de fundamental importância, pois a religião constitui o principal suporte de resistência e de alimentação de esperança para todos os escravos. A religião trabalha o sentido dos sentidos; melhor que as ciências e a filosofia, devolve ao ser humano o sentimento de comunhão com a totalidade dos seres, aquilo que nos re-liga a tudo e confere à caminhada humana um rumo promissor. Talvez nenhuma experiência religiosa aproxime tanto os seres humanos à divindade que aquela afro-brasileira. O cristianismo conhece a encarnação como fato kairológico apenas em Jesus de Nazaré. No candomblé, cada um pode ser "cavalo", sujeito receptor da divindade no seu próprio corpo. Pessoas que nada contam socialmente, anônimas e desprezadas pela política, ouvidas por ninguém e tidas por zeros econômicos, são importantes no momento em que se encontram em seus terreiros ou nas suas comunidades eclesiais de base. Aqui são escutadas por ninguém mais do que o próprio Deus. Sentem-se dignas de estabelecer uma relação com o Supremo Valor e recuperam assim sua humanidade sagrada e tão vilipendiada.

As igrejas cristãs têm uma dívida até hoje não-paga para com escravos latino-americanos e brasileiros. Não lhes anunciaram um Jesus Cristo libertador. A catequese foi entregue aos senhores de escravos. Como disse o grande teólogo negro norte-americano James Cone:

"A intenção dos senhores de escravos era apresentar um Jesus que tornaria o escravo obediente e dócil; supunha-se que Jesus faria do povo negro melhores escravos, isto é, fiéis servos dos senhores brancos; mas muitos negros rejeitaram aquela visão de Jesus, não apenas porque ela contradizia sua herança africana, mas também porque contradizia o testemunho das Escrituras" (A experiência negra com uma fonte de teologia, *Contexto Pastoral*, jul./ago. 1993, p. 8).

Os escravizados sempre intuíram que o Deus anunciado pelos missionários nunca deveria estar de acordo com a opressão que eles sofriam. Por isso, a mancomunação das igrejas com os senhores da casa-grande será sempre um escândalo e uma contradição com a experiência originária do cristianismo, que se apresentou como libertário em face de todas as escravidões e jamais como legitimação de qualquer coisa que diminuísse a dignidade humana.

Os missionários, até recente data, interpretaram as religiões afro-brasileiras como magia e possessão demoníaca; portanto, como algo que está sob o domínio da perversidade. Deveriam ser, segundo eles, combatidas e eliminadas; mobilizaram o Estado e a polícia para persegui-los e destruí-los, seja o vodu do Haiti, as santerias de Cuba, o xangô em Trinidad e Tobago, o candomblé e a umbanda no Brasil. Converter-se ao cristianismo significava, na perspectiva dos negros, negar a África e renunciar às raízes étnicas; numa palavra, matar a alma da resistência e da libertação.

O sincretismo que fizeram foi uma estratégia de resistência a esse tipo de exigência suicida, forma de ocupação dos espaços do sagrado católico ou protestante, para sobreviver e alimentar a sua esperança de libertação. Daí a importância da temática do Êxodo e da Terra de Promissão, de Jesus como Servo sofredor, a busca do Novo Israel e da Nova Jerusalém, da liberdade de todos, irmãos e irmãs, que se percebe nas canções e no ideário do sincretismo religioso de matriz negra, particularmente norte-americana.

Nesse sentido, podemos falar como os teólogos da *black theology:* Deus se fez negro, ou seja, ele se identificou com a paixão dos escravos, assim como se identificou, na versão do evangelho de S. Mateus (Mt 25, 45), com os famintos, sedentos e nus.

"Dizer que Cristo é negro significa que o povo negro é o povo pobre de Deus a quem Cristo veio libertar... Cristo realmente entra em nosso mundo, onde os pobres, os desprezados e os negros estão revelando que ele está com eles, sofrendo a humilhação e a dor deles e transformando os escravos oprimidos em servos libertados" (James Cone, A experiência negra, *op. cit., p. 8).*

O cristianismo somente entenderá a riqueza religiosa dos negros caso supere o eclesiocentrismo (tudo centrado na Igreja) e reequilibre o cristomonismo (centração de tudo em Cristo e neste encarnado) mediante uma teologia do Espírito que sopra onde quer e que se comunica, por suas energias e irrupções, com todas as experiências religiosas profundas. O axé, energia divina e cósmica, com o seu grande sacramento, e o Exu constituem os eixos da experiência negra da divindade. Os espíritos (orixás) não vivem num mundo metafísico, segundo a cartografia religiosa cristã, mas nos rios, mares, cascatas, fontes, árvores e florestas. São divindades profundamente ecológicas. O universo está cheio da força divina que impregna a existência de cada ser humano. Essa experiência abre espaço para uma teologia do Espírito, dentro da mais antiga tradição cristã, que via o Spiritus Creator enchendo o universo e dando-lhe sentido e vitalidade. Dialogando com essa tradição, importa superar o profetocentrismo (centrado no profeta, que fala em nome de Deus) na direção do teocentrismo (centrado em Deus, que envia o profeta e para quem o profeta aponta). Aí nos encontramos todos, numa profunda comunhão, na religião do espírito e da verdade que promove a vida, quer a paz e defende todo o criado a partir do elo mais fraco. Essas religiões são caminhos para a divindade, tão legítimas quanto outras e como o próprio cristianismo. Pensar que exista somente um caminho que leve ao topo da montanha constitui o equívoco de setores dogmáticos do cristianismo que pretendem deter o monopólio da verdade religiosa.

- *Articular o ético com o social: negro e oprimido*

A luta dos negros não pode restringir-se à valorização da cultura como projeto político e ao resgate da identidade racial. Tal luta poderia criar guetos, favoreceria o neocolonialismo das classes dominantes, confinando os negros em suas zonas e reservas. Faltaria um elemento axial para toda a libertação: a solidariedade para com outros oprimidos. Na verdade, os negros não são apenas discriminados em razão da raça e de sua anti-história de escravos, mas são também socialmente oprimidos e até excluídos. Há aqui uma questão de classe social junto com aquela de raça.

Não articular raça com classe é cair numa armadilha que apenas favorece os que jogam com a divisão dos oprimidos. Por isso, importa sempre articular o estudo dos atores sociais coletivos (negros, no caso) com o sistema que os oprime e exclui. Em outras palavras, urge sempre manter juntas a dimensão subjetivo-coletiva, que significa a busca da identidade racial e cultural, e a dimensão objetivo-coletiva, que é a função social de resistência, protestação e libertação. Ficar somente na libertação da opressão econômica e política, sem perceber a dimensão racial e cultural negra, é perder a singularidade da luta dos negros; ficar somente na libertação econômica e política é ficar a meio caminho. O negro pode ascender na classe social, na ciência e nas artes, mas continua sendo discriminado em razão de sua raça e de sua história.

O antilhano Fraz Fanon mostrou bem que não é possível lutar contra a alienação subjetiva (negação da identidade cultural e racial) sem lutar também contra o sistema que continuamente a gera (*Peau noir, masques blancs*, Paris, 1952). Ambos estão imbricados. Casa-grande e senzala continuam sendo, ainda hoje, os dois pólos que sustentam a sociedade brasileira, profundamente dualista. Todos foram marcados por essa experiência trágica. Com acerto, asseverava Darcy Ribeiro:

"Nenhum povo que passou por essa experiência de escravidão como sua rotina de vida, através de séculos, sairia dela sem ficar marcado indelevelmente. Todos nós, brasileiros, somos carne da carne daqueles pretos e índios supliciados. Todos nós, brasileiros, somos, por igual, a mão possessa que os supliciou. A doçura mais terna e a crueldade mais atroz aqui se conjugaram para fazer de nós a gente sentida e sofrida que somos e a gente insensível e brutal que também somos. Descendentes de escravos e de senhores de escravos, seremos sempre servos da malignidade destilada e instalada em nós, tanto pelo sentimento da dor intencionalmente produzida para doer mais quanto pelo exercício da brutalidade sobre homens, sobre mu-

lheres, sobre crianças convertidas em pasto de nossa fúria" (O povo brasileiro, *op. cit. p., 120).*

Todo ser humano é *sapiens* e simultaneamente *demens.* Em nós, brasileiros, essa dimensão dialética e contraditória se fez presente como raramente em outros povos. Somos doces e terríveis, acolhedores e de grande capacidade de apartação social. Somos cordiais, no sentido dado por Sérgio Buarque de Holanda, pessoas de coração, mas desse coração podem nascer tanto a amorosidade que caracteriza a alma brasileira quanto a brutalização que se apraz em humilhar e machucar *(Raízes do Brasil,* Rio de Janeiro, 1936, capítulo V: "O homem cordial").

Projeto de uma nova democracia multiétnica, igualitária, solidária, ecológica, pluralista e espiritual

Somente numa sociedade democrática que se baseia na participação, na busca de níveis cada vez mais altos de igualdade societária, na valorização das diferenças, no sentido da solidariedade e na acolhida da comunicação intersubjetiva e no apreço do religioso e do espiritual como dado antropológico de base se pode esperar uma libertação contra os preconceitos, discriminações e exclusões que sofrem milhões de negros no Brasil e no mundo. Os negros podem trazer uma contribuição inestimável à construção de uma nova sociedade democrática, porque, historicamente, para sobreviver, tiveram de gingar, criar jeitos e trejeitos, sincretizar-se, resistir para manter valores fundamentais e protestar até a morte contra o seqüestro da liberdade. O sofrimento os fez mestres de sobrevida e de vida;

a capacidade de criar ligações por todos os lados, de religar tudo ao sagrado e assim conferir à história uma aura promissora de que sempre há lugar para a esperança contra todas as desesperanças, atitudes essas imprescindíveis para a construção não-ideológica de uma democracia racial e pan-humanista.

A maioria dos negros não tem consciência de que sua cultura e suas religiões os ajudaram a manter a dignidade mínima; não são informados de seu alto papel civilizador no Brasil. A escravidão produziu neles a perda da auto-estima; por isso, tendem a achar que sua cultura e suas religiões são marginais pelo fato de eles também se descobrirem socialmente marginalizados. Na verdade, são culturas ricas e religiões de grande complexidade e profundidade teológica, reveladoras do mistério divino donde deriva a força de integração humana.

A democracia será o espaço para a convivência de todas as etnias, de todas as leituras do mundo, de todas as experiências do sagrado e do divino. A república negra dos Palmares tentou realizar esse sonho, pois nela não se encontravam apenas negros fugitivos, mas também camponeses empobrecidos, brancos marginalizados, caboclos discriminados, cristãos e até frades franciscanos. Todos compartilhavam um sonho de liberdade no convívio de todas essas diferenças.

Hoje não entendemos mais a sociedade sem sua dimensão ecológica. Pertence à integralidade da democracia a exigência de que ela inclua como cidadãos com direitos à existência e ao respeito os elementos cósmicos, os animais, as aves, as plantas, as águas, os solos e as montanhas, companheiros de viagem dos seres humanos. O ser humano vive a relação para com os outros, na interface pessoal; vive a dimensão social com os muitos outros em instituições que devem ser justas e participativas, dentro de uma natureza respeitada e integrada que garanta boa qualidade de vida a todos e permita uma experiência globalizadora do ser humano com a totalidade do universo. A democracia deve ser sociocósmica. Só assim o ser humano reconhece a solidariedade existente entre todos os seres da criação e sua inserção na imensa corrente de vida e no processo evolucionário que chegou até ele e que prossegue aberto para a frente. A cultura negra expressou maravilhosamente essa dimensão cósmica. Os orixás se manifestam nas forças da natureza e a própria natureza é vivida em sua interioridade espiritual, carregada de energias e de mensagens.

Há, pela frente, um longo caminho para construir tais relações. Elas deverão ser conquistadas pelo grupo negro com a solidariedade de outros oprimidos e tantos outros aliados. Só assim seus direitos serão garantidos e preservados, de fato, e terão condições de contribuir com o seu imenso cabedal de sofrimento para um país onde sejam menos difíceis a solidariedade e a amizade, para não dizer o amor.

Essa colaboração das populações negras ganha dimensão mundial. A mundialização a que estamos assistindo só será um crescimento na etapa da hominização e da humanização das relações entre os diferentes se tiver como alavanca os valores a que nos referimos acima. Caso contrário, estaremos todos nas malhas de uma nova colonização mundial, a partir de uma força imperial que impõe a todos a sua singularidade como expressão de uma falsa universalidade.

Parafraseando o antropólogo Roberto Da Matta, podemos dizer: um povo que canta, dança e reza como o povo brasileiro, especialmente os representantes da cultura negra, só poderá ter um futuro bem-aventurado e sintonizado com o sentido maior da caminhada histórica e cósmica da humanidade.

parte 2

Resgate da Mística e da Subjetividade

Formas de experimentar Deus hoje

Partimos da seguinte constatação: muitas pessoas sentem-se cansadas de doutrinas religiosas, de reflexões teológicas e de discursos sobre Deus e sobre o Sagrado. Mas escutam atentamente quem fala a partir da experiência de Deus. Elas mesmas querem sentir Deus, ou fazer aquela experiência, interpretada como sendo a emergência de Deus. Então, perguntam-se: como experimentar Deus e ter um encontro com Ele? É possível dizer como Jó: antes sabia de Deus só por ouvir dizer (pelas religiões, pelas igrejas, pelos ministros do Sagrado); agora meus olhos O viram e eu O experimentei (cf. Jó 42, 5)? Enfim, como experimentar Deus hoje?

Muitos são os caminhos de acesso a Deus. Mas basicamente há dois considerados exemplares: o caminho da comunhão pessoal com Deus que inclui o todo; e o caminho da comunhão com o todo que inclui Deus. O primeiro é ocidental; o segundo, oriental. Analisemos as respectivas estruturas fundamentais.

O caminho pessoal de comunhão com Deus que inclui o todo

Parte-se de um conhecimento prévio de Deus transmitido pela família e pela cultura religiosa ambiental. Trata-se de uma crença. Toda crença cria uma representação de Deus e uma doutrina sobre Ele. Essa doutrina diz que Ele está presente no todo e que o todo está presente nele. A teologia cristã chama a isso de pan-enteísmo, que nada tem a ver com o panteísmo. O panteísmo dilui Deus no todo e faz do todo Deus. No pan-enteísmo conserva-se a diferença entre o todo e Deus, mas vê-se a mútua presença de um no outro. Retomando: em função dessa mútua presença, o todo tem em Deus sua existência e consistência, pois Ele é seu Criador e Provedor; e o todo vem perpassado pela presença de Deus.

Essas afirmações implicam uma vida de fé, entendida como confiança e entrega total a Deus, aceito como o sentido do universo, da história e da existência, a promessa de vida para além da vida. Mesmo assim, como ultrapassar um mero saber e experimentar Deus já aceito na mente e no coração? Como passar da mente para o coração?

Passa-se do saber para o experimentar, radicalizando a relação pessoal eu-tu. O "eu" assim estruturado constrói-se sempre a partir do confronto, da relação e da comunhão com um "tu". É a partir do "tu" que o "eu" se descobre a si mesmo. A criança, quando começa a falar, fala de si mesma ainda na forma de terceira pessoa. O Joãozinho tem fome, o Joãozinho quer dormir, quer mamãe, quer papai, etc. Não se descobriu ainda como um "eu" singular. Em contato com os pais, os irmãos, os tios, os avós, ela elabora o seu "eu". É grande revolução a da consciência pessoal, a emergência do "eu" pessoal, irredutível, único. Eu digo eu. Portanto, o ser humano precisa do "tu" para tornar-se "eu".

A experiência de Deus emerge quando se leva até suas últimas raízes essa relação eu-tu. Deus é percebido como o Tu absoluto, a Alteridade radical, o *Vis-à-Vis* intransponível. Acontece por uma relação de enamoramento, de comoção, e não de pensamento. O pensamento não experimenta. Ele supre a experiência. Ele é uma depuração, uma sintetização da experiência. O "eu" sente-se amado e ama. Surgem o fascínio e a exaltação, como todos os enamorados testemunham. Esse Deus assim experimentado na relação ganha nomes pessoais. É chamado de meu Pai, minha Mãe, meu Senhor, meu Amigo, minha Rocha, minha Fonte, minha Vida.

Pensando em termos radicais, podemos concluir: o ser humano precisa de um "tu" absoluto para ganhar a consciência de um "eu" profundo, personalíssimo e também sagrado. Por intermédio do "Tu" divino o "eu" humano ganha abissalidade, irredutibilidade e sacralidade.

A relação eu-tu ganha sua máxima expressão por meio da "palavra amorosa". Essa experiência é vivida também com referência ao "Tu" divino. O "Tu" divino comunica a sua palavra acolhedora e amorosa. É uma palavra reveladora e plenificadora do "eu humano. O ser humano se descobre sempre envolvido com Deus. Emerge como ouvinte da Palavra. A Palavra revela o propósito de Deus, sua intenção primeira, que é ter companheiros no amor e na própria vida. Deus quer estabelecer comunhão e fundar comunidade com quem se relaciona e se comunica com Ele. É próprio do amor se difundir, irradiar e se estender a todos à sua volta e a tudo. A experiência do amor de Deus na relação eu-tu é fundante nesse caminho para a experiência de Deus. Afinar-se com o amor de Deus, agir na ambiência desse amor, fazer amorosamente a vontade de Deus: eis a singularidade dessa experiência.

Esse caminho da experiência de Deus se traduz posteriormente em doutrinas, conceitos, imagens poderosas que tentam captar a intensidade dessa relação eu-tu.

Toda relação eu-tu mostra uma dimensão singular: o sentimento de exclusividade. Isso traz em si um risco. O risco de que a pessoa que faz semelhante experiência ou a comunidade que se sente portadora de tal dialogação com Deus se considerarem só eles escolhidos e eleitos. Os demais, não. Em função dessa consciência de eleição, muitos pretendem missionar os outros. Aqui surge a vontade de poder como submetimento dos outros às próprias convicções. Então, procura-se ou trazer os outros para o mesmo tipo de encontro eu-tu divino, ou tenta-se impor o mesmo estilo de encontro. Surgem, destarte, o fundamentalismo e o fanatismo. Eles podem provocar guerras religiosas, como a história o comprova.

Quem diz que o seu encontro com Deus é o único verdadeiro e aquele dos demais não o é, ou é imperfeito, faz guerra contra todos. Em nome de sua verdade, nega as verdades dos outros. Estão instalados a dissensão e o estopim das guerras religiosas.

Mas essa expressão é patológica, manifestação doentia de algo originalmente bom e sadio: o encontro eu-tu divino. A missão não precisa necessariamente significar conquista e submissão. Pode significar a descoberta da relação que outras pessoas e outros povos fizeram de Deus e do diálogo eu-tu divino. Quando se supera a exclusividade, todos então começam a aprender uns dos outros. Todos se sentem edificados e edificam. Convergem na diversidade das formas de experimentar Deus.

Dizemos que esse é o caminho ocidental porque foi nesse espaço histórico-cultural que se desenvolveram, até ao excesso, a subjetividade, a capacidade de diálogo eu-tu-nós. Foi também no Ocidente que se manifestaram as patologias da exclusividade, da não-aceitação da diferença e da missão como conquista imperial.

O caminho de comunhão com o todo que inclui Deus

O caminho transpessoal parte da realidade como um todo orgânico, uno e diverso. O desafio é a união do diverso com o todo. Como cada um está no todo e o todo em cada um? É a pergunta permanente da tradição do Tao. E a resposta é sempre repetida: importa fazer uma experiência de não-dualidade. Por meio dela, o diverso encontra seu lugar no todo. E experimenta-se, então, uma unidade radical e intransponível. Os upanixades dizem: "tu és tudo isso", e apontam para todo o universo. Isso supõe que o "tu" pode se unir a todas as coisas. E voltar a ser um com elas. Tentemos captar o sentido dessa proposta.

Hoje, a partir da nova física, das teorias da evolução ampliada, dos sistemas abertos, da importância do caos para a constituição de novas ordens, sabemos que tudo vem penetrado de energias e forças que estão no universo, em cada coisa, nos processos biológicos e especialmente na interioridade dinâmica de cada pessoa. A experiência de cada coisa no todo emerge ao se ativar essas energias interiores na forma de concentração e ampliação máxima da consciência. Em seguida, busca-se um completo despojamento do "eu" . Esse despojamento do "eu" consciente visa a criar espaço para que todas as coisas ressoem dentro da pessoa. Essa ressonância permite que cada um se sinta estrela, pedra, árvore, animal, e a outra pessoa. Agora não há mais distância. Tudo se reencontra no uno, diverso e dinâmico. Essa unidade terminal é resultado de um processo de identificação com o diferente, da ação que cria a identidade com o diferente. A pessoa fica idêntica (daí a expressão identificação) ao diferente. Vai passando por etapas de acercamento e interpretação até chegar à identificação.

Que isso seja possível, testemunham-no todos os místicos do Oriente e do Ocidente. S. João da Cruz, sem romper com a dogmática cristã, termina seu caminho espiritual dizendo que "a alma amada se vê no Amado transformada"; mais ainda: "somos Deus por participação".

É no contexto dessa experiência que surgem a palavra Deus ou os seus termos equivalentes. Deus é a expressão que traduz essa experiência do todo vivenciado e unificado. Deus emerge menos com nomes pessoais do que com nomes que expressam a totalidade aberta. É experimentado como Fundamento Último, Raiz Primeira, Fonte Originária, Alfa e Ômega, Luz que tudo penetra, torna transparente e atraente.

A partir dessa experiência unificante, tudo pode ser sacramental, ou seja, tudo pode se fazer portador da Divina presença. Por isso, surge uma atitude de respeito, de veneração e de acolhida de todas as coisas. Elas são portadoras do Mistério do mundo, são todas grávidas de Deus.

A espiritualidade, nesse caminho, faz-se pela contemplação reverente de todas as coisas. Pelo cuidar e acariciar, e não pelo agarrar e manipular. Trata-se de captar o nascimento de Deus em todas as coisas, pelos sentidos corporais, nos sons, nas cores, nas sensações produzidas por tudo o que nos envolve. Mas também pelos sentidos espirituais da intuição, da visão interior, do sentido de unidade e do repouso no movimento.

Tudo nos deve levar a um mergulho na realidade, que se faz

transparente para o Divino. Captar Deus na totalidade e em cada uma de suas partes nos conduz à iluminação (satori) e à profunda serenidade interior e à integração com o universo (nirvana).

Como no caminho ocidental, há aqui também um risco. Tudo o que é sadio pode ficar doente. O iluminado e espiritualizado, caso não se despoje totalmente, pode deixar emergir atitudes esotéricas, projetar metafísicas (visões de mundo), formando uma alquimia de elementos sem sustentação a partir de um caminho espiritual autêntico e transparente.

A mística corre o risco de se transformar em misticismo. Às vezes, tal misticismo se une ao comércio bem conduzido por gurus e pretensos mestres espirituais, que acumulam influência e fortuna. É um indício seguro de que a mística degenerou em mistificação; e Deus, num fetiche à mercê da manipulação de pessoas cujos interesses não se coadunam com a natureza da vida espiritual. A mística que se une ao poder e ao aplauso facilmente se transforma também numa forma de fanatismo e fundamentalismo.

Por que chamamos esse caminho de oriental? É porque no Oriente os seres humanos fizeram a grande viagem para dentro de si mesmos, porque eles mostraram especial sensibilidade pela experiência do todo orgânico, uno e diverso. E desenvolveram caminhos espirituais altamente sofisticados para chegar à experiência da não-dualidade e do mergulho no oceano sem limites da realização transconsciente e transpessoal do ser humano. Foi lá também que se revelaram as patologias desse caminho, especialmente quando transportadas para o Ocidente. Desligados do interesse pela justiça social e pelo destino dos pobres do mundo, tais caminhos apresentam-se como panacéia para todos os males da humanidade.

A complementaridade dos caminhos do Oriente e do Ocidente

As duas experiências não são antagônicas, mas complementares. O cristianismo aprofundou o caminho dialogal orientado fundamentalmente pela Palavra. A Palavra é tudo nessa concepção. Palavra que se revela vira Escrituras judaico-cristãs; Palavra que se pensa vira teologia; Palavra que se celebra vira liturgia; Palavra que se obedece vira moral; Palavra que se interioriza vira espiritualidade.

Há um permanente convite para passar do pensamento ao vivido, da fé como aceitação de um conteúdo revelado à experiência de revelação, das muitas palavras à única Palavra.

Mas hoje o chamado do tempo, tempo de dispersão, de transformações frenéticas, de aceleração histórica inaudita, vai na linha de uma mística da totalidade. O caminho oriental parece representar uma resposta adequada e fascinante à busca de milhões e milhões de pessoas.

O ser humano quer vivenciar a unidade sagrada de tantas diversidades. Elas não estão jogadas aí, em justaposição e em desarticulação. Um fio secreto as une, fazendo com que, apesar das contradições, haja um processo imenso, dinâmico e único. Sente-se a urgência de ligar e re-ligar todas as coisas, a partir de um Centro poderoso. Esse Centro é Deus. Esse Centro nos confere unidade interior; faz-nos sensíveis a todas as manifestações de vida, de movimento, de irradiação que ocorrem no universo. Esse Centro nos faz sofrer com as rupturas, que se apresentam sob a forma da agressão injusta à Terra, aos ecossistemas, às florestas, aos animais, especialmente aos pobres e oprimidos, homens e mulheres. A vivência do Centro mobiliza forças de transformação para que a unidade experimentada na interioridade seja refeita na exterioridade.

O primeiro caminho, o dos ocidentais, é mais dos profetas, homens da palavra e da dialogação. O segundo, o dos orientais, é dos místicos, homens do silêncio reverente e das visões de totalidade. Precisamos de um e de outro. O abraço do Oriente com o Ocidente permite a emergência de uma espiritualidade que tudo engloba e faz convergir nas diferenças. É um dos sinais de nosso tempo o encontro entre Oriente e Ocidente, entre a busca interior e a viagem ao exterior. Agora faz-se possível uma experiência mais global do humano e também do Divino de todas as coisas.

Como sempre e, particularmente, nos dias atuais, a espiritualidade exige um engajamento profético, nascido não somente da indignação, mas de uma experiência mística de união com a Divindade e com todas as coisas. Ela poderá ser imprescindível no sentido de inaugurar, ou pelo menos reforçar, um novo paradigma civilizatório mais espiritual, mais compassivo, mais terno e fraterno. Essa espiritualidade ajudará a ganhar um futuro promissor para o planeta Terra e para todas as tribos que o habitam.

O que salva o povo é a mística

Se entrarmos numa favela ou em qualquer bairro popular e perguntarmos a alguém na rua: "como vai, como vão as coisas?", normalmente ouvimos como resposta: "tudo bem tudo jóia". E, na verdade, nada está bem, e a situação social, profissional, salarial, familiar é tudo, menos "jóia". E, contudo, essa pessoa não está mentindo. Está transmitindo um sentimento profundo. Pode parecer até escandaloso, mas o povo dos marginalizados, oprimidos e excluídos vive tal superabundância de sentido de vida que justifica as expressões "tudo bem, tudo jóia".

A riqueza antropológica dos pobres

Com efeito, a experiência que muitos fazemos, ao trabalhar, numa perspectiva de libertação, com representantes das classes populares, trabalhadores pobres e oprimidos uns, desempregados e excluídos outros, não é de pobreza, mas de uma imensa riqueza antropológica. Lógico, há miséria, opressão e toda sorte de empecilho à vida sensata e boa; não se há de idealizar o universo dos oprimidos. O primeiro contato com essa anti-realidade nos provoca indignação e um sentimento de imensa solidariedade e até de compaixão, como em Jesus, que, ao ver a fome e o desamparo das multidões, deixou escapar sua comoção: *miserior super turba* (tenho compaixão das turbas).

Sem esse sentimento básico não há solidariedade que se instaure, nem processo de libertação que se inaugure. Mas há de se ultrapassar esse estágio.

Basta conviver um pouco com os empobrecidos para imediatamente se dar conta de que por trás daquela miséria há muita vida, força de resistência, sentido de liberdade humana, capacidade de relacionamento, fé profunda, calor humano, fina sensibilidade, aguda percepção artística, enfim, há muita sabedoria, feita de sofrimento, reflexão sofrida e observação atenta dos caminhos da vida e da sobrevida.

A maior expressão da criatividade e da sabedoria do povo oprimido são os desfiles de carnaval nas grandes cidades brasileiras, incluindo a parte amazônica. O que é a Mitsubishi para o Japão é o desfile das escolas de samba no sambódromo do Rio de Janeiro, ou são os trios elétricos de Salvador na Bahia para nós, no Brasil – costumava dizer, com fina ironia e aguda observação, Herbert de Souza, o Betinho. Quer dizer, a mesma exatidão, cuidado tecnológico, refinamento na produção que se encontram na Mitsubishi, verificam-se também na montagem e na apresentação de uma escola de samba, na glória do desfile carnavalesco. Tudo é perfeito (o carro alegórico), tudo é belo (os motivos do tema central), tudo é correto (a letra e a música), tudo é exato (a contagem do tempo e a manutenção do horário). Pelo menos é o que se persegue com paixão e se alcança em alta proporção.

É aqui que se levanta a pergunta: o que ajuda o povo a agüentar tanta injustiça? Donde lhe vem essa capacidade de manter o bom humor, de festejar, de crer e esperar, contra todas as esperanças? Uma reflexão estritamente econômica leva à conclusão de que o povo brasileiro é um povo de sobreviventes e de sobrantes. O nível de salários e de apartação política é de tal perversidade que o teria, normalmente, levado ao desespero, à violência desenfreada e à completa anomia. E, apesar disso, tais desgarramentos não têm acontecido. O que sustenta, finalmente, o povo?

Sabedoria mística *versus* sabedoria escolástica

Certamente, há muitas fontes donde o povo bebe e haure forças para a caminhada, que não são aquelas da política e da economia. Mas uma me parece essencial: a religião e a mística.

O povo brasileiro é um povo religioso e místico. Ele não passou pela crítica do iluminismo, não freqüentou os mestres da suspeita – Marx, Freud e Nietzsche –, que submeteram a religião a todo tipo de objeção. Para ele, se há uma evidência, esta é: Deus existe, podemos chegar a Ele; em tudo existe sempre o outro lado, onde moram os santos, os orixás, os anjos, as forças celestes com as quais estamos permanentemente em contato. Elas são apenas invisíveis, mas não ausentes. E o mundo visível é parte do mundo invisível.

O povo é místico porque possui uma experiência direta do sagrado e do luminoso. Não é um saber mediado pela razão e codificado em doutrinas. É um saber feito de contatos e de relacionamentos muito pessoais com a divindade. Não fala sobre Deus. Fala a Deus. Já São João da Cruz, o místico ardente, no prólogo de seu *Cântico espiritual*, distingue a sabedoria mística da sabedoria escolástica. A sabedoria mística, dizia ele, é acessível a todos pela via da experiência religiosa e da fé/encontro com Deus. A sabedoria escolástica é só para os iniciados nos percursos da escola (donde vem *escolástica*), que demanda estudo e o exercício da razão reflexiva. O povo possui a sabedoria mística, experiencial.

Ela se nutre de rezas fortes, devoções a santos e santas poderosos, romarias, festas religiosas populares, tradições antigas que passam de família a família. Mas se nutre também de uma constante matutação sobre a realidade de Deus, sensível à fé confiante. As pessoas entregam-se à sua providência, vêem nas dobras da existência um desígnio divino que importa acolher, por mais duro que seja; pois, no fundo, crê-se, espera-se e sabe-se que Ele tem propósitos benevolentes e tudo concorre para o bem da pessoa de fé. Até se morrer, sente-se morrer em seus braços. O povo testemunha o que escreveu um dos maiores pensadores do Ocidente, Blaise Pascal: "crer não é pensar sobre Deus, mas sentir Deus".

Porque sente Deus, coloca Deus em todas as coisas. Não há ocupação de terras no Brasil em que, no seu termo, não se faça uma celebração religiosa com todos os símbolos da religião: a cruz, a Bíblia, a Virgem Maria, a teatralização das vitórias como conquista da Terra Prometida e dos inimigos como faraós, derrotados pelo povo e pela mão justiceira de Deus.

Em que se radica essa mística e que contribuição ela oferece à existência? Hoje é quase consenso entre os analistas do fenômeno religioso que o lugar da religião e da mística não é a razão, mas a emoção, o desejo, aquele fundo de imaginário e de fantasia donde continuamente o ser humano desentranha utopias, projeções e ideais. É o lado potencial da realidade, ainda não-realizado, mas que pode um dia se realizar ou que seguramente o será no horizonte de Deus.

A partir desse horizonte utópico, o ser humano projeta uma

visão de globalidade, consegue "re-ligar" todas as coisas e unificar sua própria vida, para além de todas as dilacerações. Deus só possui sentido existencial se significar a culminação do desejo infinito do ser humano, o sonho absoluto realizado num Ser de suprema bondade e ternura. É ele exatamente o Elo personalíssimo sempre buscado que permite a re-ligação de todas as coisas, conferindo-lhes um sentido, mesmo que fique, em casos concretos, obscuro. Mas há a certeza de que o emaranhado do bordado, dos fios de várias cores, configura, no verso do tecido, uma belíssima rosa. Isso é obra da mística, da fé e de sua expressão cultural, que é a religião.

Portanto, as coisas não estão definidas para sempre. Pode ocorrer em qualquer instante o surpreendente. Deus pode dar um jeito nas coisas e fazer com que, no final, tudo dê certo ou que pelo menos se vislumbre alguma saída ou se protele o desfecho trágico dos problemas. Mas ele é o útero no qual tudo deságua e onde o ser humano, cansado de sua longa trajetória evolucionária, finalmente pode descansar e sentir-se como se no regaço da Grande Mãe.

Antropólogos, como Roberto Da Matta, já apontaram como uma das características da cultura popular brasileira a visão relacional da vida. Trabalha-se com várias lógicas, todas elas includentes, feitas de "jeitinhos" e malandragens, mas que visam costurar a vida sempre num sentido positivo, aberto e esperançador. Ao dizer-se quase que abusivamente que "Deus, afinal de contas, é brasileiro", quer-se afirmar a mais-valia de sentido acima dos absurdos sociais existenciais. Deus não vai abandonar totalmente os seus. Estes podem ser desprezados socialmente, podem ser considerados zeros sociais e econômicos, podem não ser escutados por ninguém, nem pelo vereador, deputado ou prefeito que elegeram, mas sabem que são escutados por Deus, que podem se relacionar diretamente com ele e com seus santos; que podem, como nas religiões afro-brasileiras, emprestar o seu corpo para ser "cavalo" da divindade, para que ela baixe e marque presença entre os humanos, auxiliando-os, dando-lhes conselhos, fortificando-os na luta pela vida.

Essa religião confere dignidade ao ser humano reduzido a não-pessoa e a excluído da presente ordem. Faz com que ele sempre tenha uma perspectiva de esperança, que é uma verdadeira virtude teologal, porque tem a Deus como objeto e referência. Desta esperança teológica derivam esperanças de vida, de trabalho, de saúde para os filhos, de possibilidade de uma vida melhor no futuro.

Contribuição brasileira à cultura mundial

Aqui está a fonte secreta donde jorra a água cristalina que revitaliza a força de resistência do povo e que se revela como humor, bonomia, leveza no enfrentamento dos problemas vitais. E o povo, especialmente nos movimentos sociais e comunitários, mais e mais está dando um passo à frente, avançando na linha da libertação, à medida que percebe: Deus não quer esta miséria; e, como os judeus na escravidão do Egito, ele deve se organizar para criar condições de uma arrancada rumo à terra de promissão para todos – rumo a um tipo de sociedade em que se tenha uma modesta felicidade, fruto do trabalho e da participação social e na qual se possam re-ligar melhor todas as coisas em Deus. Foi mérito das pastorais sociais das igrejas e da teologia da libertação ter ajudado os grupos de base a articularem a fé com a vida sofrida, a mística com a política, a luta da justiça para todos com a celebração do Deus da vida e da ternura com os pobres. Desse casamento surgiu um cristianismo de libertação, fundado na experiência espiritual de encontro com o Cristo crucificado nos crucificados da história e com o Cristo ressuscitado nas vitórias do povo que resiste e se organiza para lutar. Esse cristianismo ajudou a gestar um cidadão crítico, participativo e democrático, que atua ombro a ombro com outros atores sociais dos movimentos sociais populares.

Incorporar esses dados religioso-místicos nas análises é enriquecer a compreensão da realidade brasileira com as características que ela mesma possui, e, ao mesmo tempo, significa honrar o próprio povo, valorizando o que é dele e mostrando o incomensurável trabalho civilizacional que ele, inconscientemente, produz em benefício de todo o país. Quem sabe esse dado religioso-místico signifique também uma colaboração que o Brasil dará a uma civilização planetária ou dificilmente se constituirá sem um forte senso de re-ligação, de convivência jovial com as diferenças culturais, de tolerância, de leveza e de humor, do qual o povo pobre e místico é portador e um testemunho privilegiado.

Ouvir estrelas e aprender do universo

Ensinaram-nos as Escrituras judaico-cristãs que Deus, muitas vezes e pelos modos mais diversos, revelou-se à humanidade (São Paulo aos Hebreus, I, I). Entre os muitos modos, ressaltam três, fundamentais: pelo próprio universo, por intermédio da imensa diversidade de sistemas de relações e de seres relacionados; pela sabedoria dos povos, inspirada pelo Espírito e consignada em seus livros sagrados; e pela vida e gesta de pessoas carismáticas e exemplares, durante toda a história – particularmente por Jesus de Nazaré, em quem os cristãos vemos a presença imediata do próprio Deus, que se encarnou em nossa miséria e grandeza.

Desses três modos fundamentais, o primeiro, pelo universo, apresenta-se seguramente como o mais universal, pois todos os seres humanos, letrados ou iletrados, têm acesso a ele e lhe conhecem o alfabeto básico. O universo tem muitas lições a nos dar. Ele vem carregado de mensagens. Os espíritos atentos podem captá-las, colher muita sabedoria e aprender grandes virtudes. Um de nossos poetas parnasianos nos aconselhava a "ouvir estrelas". Vamos nos ater apenas à consideração do universo como um incomparável mestre e ao seu magistério infalível.

A cosmologia contemporânea, bem como as ciências da Terra, nos apresenta uma imagem extremamente rica do universo, certamente mais complexa e fecunda do que todas as outras que herdamos do passado. Essa imagem nos ajuda a ouvir estrelas e a aprender do universo. Ele nos ensina, de forma infalível, a sabedoria, a humildade e a espiritualidade.

Antes de mais nada, importa dizer o que entendemos por universo. O universo é mais do que o conjunto de todos os objetos existentes e potenciais. É a relação e a comunhão que todos eles entretêm entre si. Essa rede de relações que enreda todos os objetos reais e virtuais possui as características próprias de um sujeito: história, interioridade e espiritualidade. Então, podemos dizer que o universo é o conjunto de todos os sujeitos reais e potenciais interconectados entre si.

Todos os seres emergem a partir de um longo processo de evolução histórica. Ao evoluir, vão se enovelando sobre si mesmos, a ponto de possuírem níveis de interioridade. Essa interioridade faz com que eles apresentem graus de consciência cada vez mais altos, até alcançar a forma reflexa no ser humano. Por isso, dizemos que o universo é a coexistência, a relação e a comunhão de todos os sujeitos reais e potenciais, originando uma rede intrincadíssima de inter-retroconexões de energia, de matéria e de informações, compondo uma imensa sintonia cósmica.

Em segundo lugar, devemos considerar que o universo não é estático, mas dinâmico, pois está em evolução, em expansão e em permanente processo de autocriação. Não está ainda acabado, encontra-se em gestação e em gênese. Com razão, fala-se então de cosmogênese, assim como de antropogênese e de cristogênese. O cosmos e todos os seres nele existentes, especialmente o ser humano, apresentam-se como sistemas abertos, cheios de virtualidades a novas relações e a novas sínteses.

Quanto mais avança a evolução, mais diferenciações permite e mais níveis de complexidade e de ordens e de consciência revela. Alguns físicos quânticos, como Amit Goswami, Richard E. Reed e Danah Zohar, admitem que o universo seja autoconsciente.

Vamos apresentar tão-somente três vertebrações da nova perspectiva cosmogênica que nos ajudarão a escutar a palavra do magistério cósmico, a mensagem que o universo continuamente nos dirige: a relação/re-ligação, a diversidade/complexidade e a interioridade/espiritualidade.

A relação/re-ligação: a dinâmica fundamental do cosmos

Desde o início, após a grande explosão do bigue-bangue, atua o assim chamado princípio cosmogênico, aquela dinâmica básica, misteriosa e sempre presente que produz a autocriação e a auto-organização do universo. Criam-se, desde o primeiríssimo momento, relações entre os píons, quarks e prótons originários (as partículas materiais mais elementares do universo). A partir daí, estabelecem-se redes de relações com outros seres que vão surgindo. Surgem conjuntos constituídos de partes interconectadas entre si, dando origem a sistemas e totalidades, na forma de campos energéticos, ecossistemas com seus subsistemas, dentro dos quais se encontram os representantes "inertes", como galáxias, estrelas, planetas, continentes, montanhas..., e vivos, como animais, plantas, seres conscientes... Trata-se de emergências de um mesmo e único processo cosmogênico de bilhões e bilhões de anos dentro de uma grande unidade sistêmica. Todas as forças conspiram para que emerjam seres mais e mais complexos e relacionados com tudo o mais.

A lei suprema é a da solidariedade e da sinergia entre todos. Todos são interdependentes e se necessitam entre si. Todos se entrelaçam num imenso evento de comunhão.

A consciência humana é capaz de captar essa realidade relacional que a todos liga e re-liga. Dessa percepção nasce a religião, pois deriva de *religare*. A re-ligião foi, possivelmente, a forma mais arcaica de consciência. Nossos ancestrais antropóides, de milhões de anos atrás, conseguiram ver o Elo que tudo ligava e re-ligava. Chamaram-no com mil nomes. Depois o chamaram de simplesmente *Deus*.

Esse Deus é compreendido como a força misteriosa que cria e organiza todo o universo. Está em ação em cada movimento, em cada conexão, em cada ascensão. A moderna cosmologia refere-se a um abismo omninutridor que atua desde o começo do universo, há 15 bilhões de anos. Não se trata de um lugar físico, mas de algo inominável, uma espécie de energia suprema que gera todos os seres e os absorve quando desaparecem. É um oceano incomensurável de virtualidades, possibilidades e probabilidades. Se todas as coisas do universo, por uma hipótese impossível, evaporassem, conforme nos diz um cosmólogo contemporâneo, Brian Swimme (*The hidden heart of the cosmos*, Nova York, 1996, p. 100), sobraria somente um Infinito de puro poder generativo. Dele, todos viemos; nele, todos encontramos consistência; e para ele todos retornamos. Se não é Deus – porque Deus é sempre mais do que podemos imaginar e captar –, é, pelo menos, um poderoso sinal de sua presença.

Diversidade/complexidade: o caos generativo

O processo de cosmogênese tende a criar mais e mais diferenças. Somente nos estágios mais primitivos existe a clonagem. Quanto mais se avança, mais se deixa a reprodução do mesmo para trás e surgem diferenciações crescentes. A complexidade significa a sofisticação interna e externa com todos os demais sistemas e partes. É o que chamamos de equilíbrio dinâmico, sempre a se fazer e refazer. Inicialmente, havia a extrema simplicidade da energia originária, chamada de *energia X* (por falta de outro nome), que se subdividiu nas quatro forças permanentes e inalteráveis que entram na composição de todo o universo e de cada ser, inclusive o ser humano: a gravitacional, a eletromagnética, a nuclear forte e a fraca. A harmonia e o equilíbrio dinâmico não são um dado inicial. Tudo começou com uma quebra da harmonia misteriosa daquele ponto infinitesimal de energia e matéria condensadíssima, antes de sua inflação seguida da grande explosão. Houve uma incomensurável instabilidade, um caos original. A expansão se faz criando ordens e harmonizações cada vez mais sutis e complexas. O caos, portanto, não é caótico, mas generativo e ordenador. Dá origem a diversidades e a ordens cada vez mais altas e ricas de relações. Ele cria o cosmos como ordem e beleza criadas, embora sempre instáveis e abertas a novos avanços.

Tal função positiva do caos nos ajuda a ressituar o problema do mal que tantas indagações e dramas suscita. O mal nunca deixa de ser um mistério e um desafio a toda compreensão racional. Aí está o Jó eterno, sempre insatisfeito com as soluções racionais apresentadas. Mas a perspectiva cosmogênica de caos/cosmos nos ajuda a lançar sobre essa obscuridade alguma luz. O mal representa a condição originária da qual a força criadora e o abismo omninutridor fazem emergir os mais diversos seres, todos provisoriamente incompletos, porém todos enredados na necessidade intrínseca de evoluir, de ter de passar por vários estágios até chegar a sua plenitude possível. Essa é uma realidade objetiva que pertence à ordem da criação. Na dimensão subjetiva, da consciência humana, pecado é a atitude de recusa dessa dinâmica; é querer não evoluir; é resistir à chance de passar a uma ordem mais alta, com mais possibilidade de evolução e de perfeição.

Interioridade/espiritualidade: o coração secreto do universo

Quanto mais complexo se apresenta um ser, mais enovelado sobre si mesmo ele se encontra, ou seja, mais interioridade ele possui, mais singularizada aparece sua estrutura e mais sofisticada é sua organização interna. Com a carga de informações que acumulou por meio de todas as relações que estabeleceu com os outros seres e o meio ambiente, mais características próprias assume. A isso chamamos interioridade.

Espírito significa a capacidade de relação e de criação de uma unidade orgânica. Essa capacidade existe desde o primeiro momento da criação, quando se estabeleceu a primeira unidade relacional. Essa interatividade de tudo com tudo se chama espírito. Ela é crescente à medida que a evolução avança até chegar a uma certa culminância no ser humano. Nele, a consciência é reflexa. E ele se revela como um ser de relação, uma pessoa que, por definição, significa uma realidade relacional. Só na relação é que constrói sua identidade.

O espírito possui, pois, uma dimensão cósmica. Todos os seres são portadores de espírito – e, por excelência, o ser humano. Quando ele se sente unido ao todo, como parte e parcela do universo, é o momento em que o espírito emerge conscientemente nele. E não teria emergido nele se antes não estivesse presente no cosmos. Vive a espiritualidade quando faz a experiência interior desse sentimento de pertencimento e de conexão com o Todo. Então enche-se de respeito e de veneração pela grandeza do universo e pela complexidade das relações que se estabelecem entre todos. Acolhe o sentido derradeiro de todo esse incomensurável processo. Pronuncia o nome de amor àquele que tudo criou e ordenou: Deus, Pai e Mãe de todas as coisas.

O magistério do universo: um convite à sinergia

Temos muitas lições a aprender do universo. Ele é um mestre sábio e infalível. Essas lições são importantes no quadro da crise de civilização que atravessamos.

Há séculos que o ser humano vive exilado. Todos perdemos a conexão com o cosmos e com a própria Terra, nossa casa comum. Tratamo-la como algo inerte, um repositório de recursos a serem explorados até a exaustão pelos seres humanos. Negamos-lhe subjetividade e direitos. Os antigos e os modernos compreenderam bem que a Terra é um superorganismo vivo. E que nós somos seus filhos e filhas. Fomos a consciência da biosfera terrenal; o momento em que a Terra se transfigura em consciência, em linguagem, em comunicação e em celebração.

Jamais devemos esquecer que entramos em cena quando já

99,98% da história do universo e da Terra se haviam completado. Fomos os últimos a chegar. E ainda imaginamos que os seres só possuem sentido à medida que se ordenam a nós e estão disponíveis ao nosso bel-prazer. Quase tudo no universo se fez sem precisar do ser humano. É ele que pertence ao universo, e não o contrário.

Pelo fato de possuírem mais ancestralidade que nós, de serem nossos irmãos e irmãs cósmicos, os demais seres merecem ser respeitados e venerados. Todos eles falam, pois têm uma história a contar, inscrita em sua estrutura ou no seu código morfológico ou genético. Temos perdido a capacidade de escutar as falas e as mensagens dos seres e, assim, de aprender lições de sabedoria deles, das plantas, dos animais, dos pássaros, dos peixes, das várias culturas humanas. Acostumamo-nos a falar tão alto que somente a nossa voz se faz ouvir. E assim vivemos solitários, em vez de sermos solidários com todos.

O universo, como um sistema aberto, nos ensina a sermos também sempre abertos e atentos ao novo, que pode irromper a qualquer momento. O universo sabe trabalhar com o caos e a desordem; faz deles fatores de mudança, de elaboração de um novo equilíbrio. Devemos aprender a trabalhar nossas crises e nossos fracassos; são o húmus para novas formas de vida e oportunidades de acrisolamento e de ascensão que enriquecem nossa experiência e nossa humanidade.

O universo é em tudo cooperativo, pois todos os seres são interdependentes entre si. A lei orientadora na evolução dos seres vivos não visa à sobrevivência dos mais fortes (se assim o fosse, os dinossauros estariam ainda entre nós), mas à preservação do equilíbrio dinâmico, para que todos possam estar inseridos, possam viver e se desenvolver. O propósito da vida não consiste na sobrevivência pura e simples, mas na realização das potencialidades presentes no universo e em cada ser, potencialidades que querem vir à luz e fazer seu caminho histórico.

Há de se aprender do universo a convivência com todas as diversidades. Nele vigora uma verdadeira biocracia e democracia cósmica. Não há lixo nem excluídos. Tudo é incluído e de tudo se tiram novas energias e novas ordens. Tal fato nos obriga a sermos humildes, acolhedores, ternos e fraternos com todos os seres da criação. Importa renunciar a toda arrogância do antropocentrismo que nos coloca acima dos outros e não junto e ao pé deles, como irmãos e irmãs, na mesma casa comum. Quanto mais vivemos nossa própria essência de seres de relação, mais nos fazemos ouvintes da palavra que vem de todos os seres, das redes de comunicação que eles estabelecem entre si e com o todo, mais nos fazemos também seres de comunhão e de integração.

Porque todos os seres são impregnados de espírito, todos devem ser considerados sujeitos e, como tais, respeitados; são portadores de valor, de dignidade e de sacralidade. Se nos habituamos a dialogar com eles e a escutar o que nos têm a dizer, também facilmente aprendemos a amá-los e a cultivar compaixão por aqueles que sofrem, e faríamos tudo para ajudar a saná-los. Encher-nos-íamos de indignação contra as técnicas que isolam, por exemplo, vacas, porcos, patos e galinhas de seu ecossistema natural, para alimentá-los apenas com nutrientes químicos, degradando-os a máquinas de produzir carne. Cruéis e sem piedade, ficamos indiferentes ao sofrimento que injustamente lhes impomos em nome da ganância de lucro.

Por fim, o universo nos remete continuamente a seu Criador. Ele anuncia sua presença pelo dinamismo criativo e autoorganizativo da evolução, pela seta do tempo que aponta sempre mais para a frente e para cima, na direção de formas mais altas de relação e de vida. Não nos podemos recusar à beleza de um céu estrelado, à admiração pela complexidade dos organismos vivos, à fascinação de um olhar apaixonado, à constatação de um sentido que perpassa todos os processos, fazendo do universo cosmos, e não caos.

A missão do ser humano reside em poder captar os mil ecos que vêm dessa grande Voz que reboa de ponta a ponta do universo e que vibra em cada ser. Cabe-nos unir nossa voz a esse eco universal; somos chamados a ser sinfônicos e a venerar o maestro dessa imensa orquestra cósmica. Deus, vivificador e atrator de todas as coisas para o seu seio paternal e maternal.

Na escuta do magistério do universo, fazemos todos a experiência descrita pelo místico poeta inglês William Blake: "ver o mundo num grão de areia, o céu numa flor silvestre, conter o Infinito na palma da mão e a eternidade numa hora".

Nessa capacidade de escuta e de aprendizado, revelamos, humildemente, nossa grandeza, realizamos nossa missão e encontramos nossa paz.

Que Igreja queremos?

O projeto popular de Igreja

O catolicismo romano constituía corpo altamente hierarquizado, transnacionalizado e de pesada rigidez institucional. Ele se compõe de clérigos que detêm o poder de decisão, de leigos que participam da vida eclesial sob a orientação dos clérigos e de religiosos que se entregam à busca explícita da santidade no serviço a Deus e ao mundo, podendo ser clérigos ou leigos.

A teologia oficial ensina que a divisão existente é de direito divino e que, por isso, é intocável e imutável. Essa divisão eclesial do trabalho religioso, por sua pouca flexibilidade, tem causado, ao longo da história, muitas tensões e até divisões. Hodiernamente, essa estruturação vem sendo fortemente questionada pela Igreja-rede-de-comunidades-de-base, que configura uma alternativa de organização e de poder na Igreja, um verdadeiro projeto popular de Igreja.

Pode e deve ser alterada a estrutura da Igreja, ou devemos contar com ela pelos séculos afora, até o Juízo Final? Estarão as tentativas de transformação institucional fadadas ao fracasso, à perseguição, à excomunhão e à ruptura da unidade, como tem ocorrido na história?

Nossas reflexões vêm imbuídas de otimismo. A Igreja dos pobres, a Igreja da base, a Igreja-rede-de-comunidades-de-base, a Igreja da libertação – nomes diferentes para a mesma realidade – representam uma alternativa possível de organização, exercício e participação do poder sagrado, capaz de manter toda a riqueza da tradição, preservar a unidade e reimplantar a Igreja nos quadros do projeto popular, participativo e democrático. Ela tem condições de reafirmar-se, apesar das desmoralizações e das perseguições de que padece, feitas pelos próprios irmãos e irmãs de fé. Ela representa um novo futuro para a fé cristã no novo milênio, planetário e ecumênico.

De uma comunidade fraternal a uma sociedade hierarquizada

Inicialmente, o cristianismo era um movimento ligado à prática messiânica de Jesus, dos Apóstolos e das comunidades primitivas (até o século IV), de caráter comunial, comunitário e fraternal. Os elementos de organização existentes não prevaleciam sobre as relações comunitárias, que detinham a franca hegemonia de consenso e direção das igrejas locais.

Com o edito de Teodósio, o Grande, de 27 de fevereiro de 380, a fé cristã, no sentido estrito da ortodoxia do Concílio de Nicéia (325), foi imposta como obrigação a todos os habitantes do Império Romano. Começa, então, o sistemático desmantelamento oficial da religião política romana (com dificuldades e jamais totalmente). Os imperadores Honório e Teodósio II, em 423, impõem o banimento e até a pena de morte àqueles que participassem dos sacrifícios pagãos. O imperador Justiniano, em 529, em seu código civil, liquida oficialmente o paganismo, fazendo com que as prescrições bíblicas e eclesiásticas sejam também regras estatais. Incrementa-se então a entrada em massa de pessoas ao cristianismo, não como fruto de um processo de conversão, mas de imposição e coerção estatal.

Emerge, assim, um cristianismo cultural marcado pelo medo. A imposição ligada a penas, sejam políticas (exclusão e pena capital) ou teológicas (condenação ao inferno), provoca sua contrapartida, que é o medo e a submissão. O medo marcará, desde então, a pedagogia missionária da Igreja, como se pode constatar claramente nos vários catecismos da primeira evangelização-imposição da América Latina. A fé deixa de ser semente e se transforma em transplante forçado de uma árvore crescida em solo europeu.

Os cristãos, que constituíam apenas um quarto do Império, assumem a direção ideológica. Para cumprir essa função cultural, a Igreja teve de constituir seus quadros, instaurar um corpo de peritos, formados na cultura dominante filosófica, jurídica e organizacional de então. É o clero. Seus membros se impõem como intelectuais orgânicos dos interesses eclesiais articulados com os interesses da ordem imperial. De perseguido, o cristianismo se transformou em perseguidor. Nessa função, como já o observou Gramsci, no *Ordine nuovo*, o cristianismo significa o protótipo de uma revolução total. Consegue cobrir todos os campos, alcançando a todos, desde os recém-nascidos aos moribundos, e expressando-se na filosofia, no direito, nas artes, na teologia e no cotidiano da vida da população. Mas será sempre pela via da aliança da Igreja com os poderes dominantes, do Estado (imperador), da sociedade (nobres e poderosos) e da intelectualidade (escolas). Os demais segmentos da sociedade são subalternizados e cooptados para o projeto hegemônico sacerdotal-imperial.

Firmou-se, como conseqüência desse complexo processo, um estilo de distribuição e de exercício do poder sagrado altamente centralizado, clerical e culturalista.

Centralizado, porque está em poucas mãos e a partir de um centro de poder referencial (Roma).

Clerical, porque somente os clérigos investidos pelo sacramento da Ordem ou de algum mandato clerical detêm a condução da Igreja e os meios de produção de bens religiosos.

Culturalista, porque não propicia uma evangelização como encontro entre fé e cultura circundante, mas como imposição de uma cultura já cristianizada, a cultura da elite romana, com a conseqüente desestruturação das culturas autóctones e populares. Não sem razão, a Igreja se denomina católico-romana, na qual a romanidade é entendida como uma característica de identificação.

Com Gregório VII e seu *Dictatus Papae* (no ano de 1075, uma lista de 27 proposições), que, bem traduzido, significa a ditadura do Papa, consolida-se uma eclesiologia fundada sobre a instituição papal. Bem o disse o grande eclesiólogo deste século, Yves Congar: "Sua ação determinou a maior virada que a eclesiologia católica conheceu" *(L'Église de Saint Augustin à l'époque moderne,* Paris, 1970, p. 103).

A virada consiste numa prática de extremo autoritarismo que praticamente não reconhece nenhum limite ao poder papal. Alguns juristas e críticos denominaram a isso de *totatus,* o totalitarismo eclesial. O Papa não é apenas sucessor do pescador Pedro, aquele que negou Jesus, nem somente o representante do profeta crucificado Jesus de Nazaré. É muito pouco e até contraditório para as pretensões papais. O Papa se entende representante de Deus. Deus instituiu diretamente o sacerdócio, e não o império. Ao sumo sacerdote (Papa) cabe ligar e desligar; interpretar a lei natural, fechar ou abrir as portas do céu. E o sacerdócio é somente aquele católico. Por isso, reza a 26ª proposição do *Dictatus Papae*: "Não seja reconhecido como católico quem não concorda com a Igreja romana." (*Quod catholicus non habeatur qui non concordat Romanae ecclesiae.*) Crer é obedecer ao Papa. E obedecer ao Papa é obedecer a Deus.

Aqui, cabe perguntar: porventura, não se ultrapassou o limite intransponível, que, uma vez ultrapassado, significa inequivocamente *hybris* humana e pecado, no sentido estrito da teologia? Que legitimidade pode oferecer para a consciência dos professantes uma estrutura de poder nascida do pecado? Atributos que somente competem a Deus são atribuídos a uma humana criatura, o Papa. Nessa lógica desviante, não nos admiramos de que papas tenham sido chamados por teólogos curiais de "deus menor na Terra" (*Deus minor in Terra*). Esse processo de divinização já se fazia presente no século IV, quando começou a se estruturar a figura do bispo. A Didascalia e as Constituições Apostólicas (do século III) diziam dele que "ocupa o lugar de Deus" na comunidade, que é como um "segundo Deus", "o vosso Deus terrestre depois de Deus" (cf. Didasc. II, 20, I; Const. Apos. II, 26, 4).

Essa compreensão ganhou seu embasamento ideológico, ao largo do tempo, especialmente com Graciano (o primeiro codificador do direito canônico no século XII) e com a teologia da anti-Reforma. Segundo isso, Cristo instituiu a divisão entre clérigos e leigos. Portanto, jamais poderá ser alterada, porque divina. O Papa é a cabeça visível de Cristo, que, por sua vez, é a cabeça invisível da Igreja. O poder é total: tem sua prática definida e a teoria que o justifica. Não se trata de autoritarismo, mas de puro e simples despotismo.

A utopia de Jesus, de uma comunidade fraternal, de todos os irmãos e irmãs, sem divisões e títulos (cf. Mt 23, 8 e ss.), é substituída pela mecânica do poder centralizado no clero, que garante até o final dos tempos, assim pensam os clérigos, a reprodução dos instrumentos de salvação.

O sonho de Jesus, porém, não morreu. Transmigrou para os movimentos espiritualistas, monacais, mendicantes e, de modo geral, para a vida religiosa; mas também pelo caminho da observância evangélica, da devoção e da busca de santidade dos cristãos, reduzidos a leigos, em seus diferentes estados de vida. Nessas instâncias não-clericais exercer-se-á o poder como serviço participativo, reinará uma democracia interna e as relações serão mais igualitárias, sororais e fraternais.

Formalizando, podemos dizer: cria-se, dentro da comunidade dos professantes cristãos, nessa visão, um consenso baseado na *potestas sacra* (poder) como domínio e coerção; portanto, despotismo. Constrói-se uma hegemonia a partir da concepção monárquica da fonte do poder (o Papa). Esse tipo de distribuição e exercício de poder se articula conaturalmente com os poderes também centralizados na sociedade. Assim, a Igreja clerical passa a ser, além de sua função religiosa específica, um aparelho de legitimação dos poderes autoritários na sociedade humana. O conceito de Deus que subjaz não é aquele trinitário, urdido de relações igualitárias e comuniais, mas o do velho Deus monoteísta e único senhor cósmico. Um só senhor no céu, um só representante seu na Terra, argumentava Gengis Kahn, e com isso pretendia fundar seu despotismo.

A base social desse tipo dualista de Igreja – dividida entre clérigos e leigos, não como funções distintas dentro da única comunidade, mas como frações "essencialmente" diferentes – é constituída pelos setores dominantes, cujos interesses históricos se articulam naturalmente com os interesses do corpo clerical.

O texto do Vaticano I sobre o poder jurisdicional do Papa é claro: o Papa tem o poder absoluto sobre todos e cada um dos fiéis *ex sese, sine consensu ecclesiae* (por si mesmo, sem o consenso da Igreja). O Papa é portador solitário do supremo poder, sem nenhuma mediação da comunidade; portanto, possui o poder e de fato o exerce, de forma despótica. Os demais portadores de poder na Igreja, mesmo que tenham poder via sacramental da Ordem (bispos), dependem, para o exercício legítimo do poder sagrado, da delegação direta do Papa.

O Vaticano II, como é sabido, tentou equacionar esse desequilíbrio eclesiológico. Reafirmou o caráter de Povo de Deus da Igreja, a participação dos leigos por razões cristológicas, a centralidade da comunidade, a ação colegial dos bispos, a missão como serviço ao mundo, especialmente dos pobres (todo o capítulo II da *Lumen gentium*).

Especialmente importante foi o nº 8 da *Lumen gentium*, que retoma a memória histórica de Jesus, que nos redimiu na pobreza e na perseguição. Convoca a Igreja "a seguir o mesmo caminho", para "evangelizar os pobres (...), procurar e salvar o que estava perdido" (nº 8). Afirma também que a Igreja de Cristo "subsiste na Igreja católica", reconhecendo que existem "vários elementos de santificação e de verdade fora de sua estrutura visível", elementos estes que são "dons próprios à Igreja de Cristo" e que, portanto, permitem reconhecer eclesialidade a outras igrejas cristãs (nº 8b).

Entretanto, produziu um texto de compromisso que mantém a ambigüidade eclesiológica: ao lado dessas propostas promissoras, reafirmou a velha teologia da constituição hierárquica da Igreja da hegemonia assegurada divinamente aos portadores do sacramento da ordem, vale dizer, o clero (capítulo

III da *Lumen gentium*). Hoje, no processo de refluxo eclesial, de neo-romanização e poderosa reclericalização de toda a Igreja, são esses textos sempre invocados como critério de interpretação autêntica e de recepção oficial do Vaticano II, anulando, praticamente, as conquistas feitas sob o signo da comunhão e da participação de todo o Povo de Deus.

Mas, apesar da ambigüidade mantida, favorecendo o pólo clerical, abriu-se um espaço para que agentes da Igreja clerical entrassem no universo dos simples professantes cristãos e que estes fossem animados a participar e a ocupar seu lugar dentro da comunidade. Não apenas como membros, objeto da benevolência pastoral do clero, mas como sujeitos, também produtores de bens religiosos, sujeitos eclesiais.

Uma alternativa seminal: o projeto popular de Igreja

A partir dos anos 1960 irromperam os poderes organizados na sociedade latino-americana. Emergiram também na Igreja institucional e clerical. Verificou-se um duplo processo: mais e mais agentes da Igreja-clero se inseriram nos meios populares: bispos, padres, teólogos, religiosos e religiosas e cristãos indignados com a miséria e comprometidos com a transformação social. Todos estes foram assumindo a causa, as lutas, o destino e a cultura do empobrecido social. Por outro lado, os cristãos foram se assumindo como sujeitos eclesiais e sociais. Começaram, junto e com o apoio do agente externo, a criar a sua forma singular de ser cristãos. Surgiu assim a pastoral popular (CEBs, PO, CPT, CIMI, CDDH, círculos bíblicos e outros), que tem como ponta de lança as comunidades eclesiais de base.

Junto com um projeto popular de sociedade, na linha de uma democracia participativa, de base popular, pluralista e aberta ao religioso, começou a se esboçar também um projeto popular de Igreja. Para uma nova sociedade, uma nova Igreja. Para uma distribuição diferente e um exercício distinto do poder social, por que não uma distribuição diferente e um exercício distinto do poder eclesial?

Teoricamente, não é impensável. Os textos fundadores do movimento de Jesus revelam, pelo menos, três tipos distintos de organização eclesial: a sinagogal, refletida no evangelho de São Mateus; a carismática, praticada por Paulo; e a hierárquica, espelhada nas epístolas católicas de Timóteo e Tito. Esta última foi triunfante. Mas não invalidou as outras como fontes de inspiração, pois constituem textos referenciais do credo cristão.

Poder eclesial fundado no clero ou na comunidade?

Praticamente, pelo menos em forma seminal, percebe-se que nas CEBs vigora um jeito novo de ser Igreja. Vejamos na página 144 um quadro comparativo entre a estrutura fundamental de um modelo de Igreja baseado no clero e a de outro, baseado na comunidade eclesial (cf. Wagner Lopes Sanches, CEBs: avanços e obstáculos dentro de um projeto popular de Igreja, tese de mestrado na PUC/São Paulo, 1989, pp. 115-6).

O que discernimos, nesse esquema, é que, efetivamente, está irrompendo um outro exercício de poder religioso. Nos quatro grandes eixos que sustentam o edifício eclesial, na palavra (os membros das CEBs lêem e interpretam a Bíblia, e à luz desta falam de seus problemas e assim pronunciam o mundo), no sacramento (as CEBs sabem celebrar a vida, as lutas e, simbolicamente, alimentar a utopia do Reino e a esperança), na organização (organizam em distintas funções os serviços internos, elegem sua equipe de coordenação, elaboram a consciência crítica sobre seus problemas e, democraticamente, procuram soluções comunitárias) e na missão (atividade no mundo, articulando-se nas associações de moradores, nos sindicatos, numa palavra, com o movimento popular), os membros das CEBs estão se reapropriando de parcelas do poder e da produção de bens eclesiais. As análises sociológicas feitas até a presente data são unânimes em constatar esse avanço. Mas ao mesmo tempo chamam a atenção para o caráter ainda dependente do agente externo (bispo, padre, religiosa), ao lado de resquícios autoritários e miméticos da estrutura anterior da Igreja clerical (pois está internalizada nos professantes pelos séculos de hegemonia desse modelo).

De qualquer forma, germinalmente, existe na prática e também na teoria (a reflexão teológica que justifica essa prática) uma alternativa de poder eclesial. Está se construindo um novo consenso na Igreja (uma anti-hegemonia, na linguagem de Gramsci). Esse é um fenômeno histórico de primeira grandeza, pois já se vão séculos em que semelhante oportunidade histórica não ocorria (no século XI, com os movimentos pauperistas, e no tempo da Reforma protestante, no século XVI).

A Igreja clerical sobreviveu à alternativa que se lhe opunha. Ou cooptando os membros portadores do novo poder, e assim inserindo-os no seu modelo (o caso típico é o movimento franciscano), ou expelindo-os pela excomunhão e pela guerra religiosa (contra os valdenses, cátaros, albigenses e reformadores).

Aspectos	Paróquia	CEBs
Núcleo central de poder	O padre.	A comunidade.
Estruturas de poder	Comissão de administração indicada pelo padre – funções consultivas; Comissão paroquial de comunidade: funções consultivas.	Conselho de área formado por um membro de cada conselho de comunidade – funções deliberativas. Conselho de comunidade, eleito a cada dois anos, com funções deliberativas.
Agente religioso externo	Padre (em algumas paróquias, pode ocorrer de o padre ser auxiliado por irmãs).	Equipe de pastoral (ou equivalente) formada por padres, irmãos, irmãs.
Relação agente de pastoral e povo	Dependência e submissão dos leigos em relação ao padre.	Autonomia (relativa) dos leigos em relação aos agentes.
Papel do agente externo	No caso do padre, produção dos bens religiosos (sacramentos); controle das atividades na paróquia.	O agente tem o papel fundamental de acompanhar e suscitar a caminhada das comunidades. No caso do padre, a produção dos bens religiosos é feita com menor periodicidade.
Papel do agente interno	Seguir as orientações dadas pelo padre. Muitas vezes, é o padre quem escolhe os dirigentes de associações, movimentos, pastorais, etc.	Coordenar as comunidades, seguindo as decisões tomadas em reunião.
Detentor de produção dos bens religiosos	O padre, exclusivamente.	O padre, que continua detendo a maior parcela da produção de bens religiosos, e o leigo, no caso das celebrações aos domingos e outras atividades religiosas.
Papel do leigo	Objeto da ação da Igreja (catolicismo clerical).	Sujeito da ação da Igreja em comunhão com os agentes (catolicismo leigo).
Organização da pastoral	Estrutura complexa, tendo o padre com diversos movimentos e associações religiosas. Grande ênfase na sacramentalização (supervalorização dos sacramentos).	Estrutura simples (catequese, minijovens e pastoral operária em nível de área), tendo o agente de pastoral como assessor da comunidade.
Dinâmica interna	Dinâmica vertical em que prevalecem relações formais e distanciadas.	Dinâmica horizontal em que prevalecem relações informais, de proximidade e de cooperação.
Relação Igreja-bairro	Geralmente, a paróquia não está inserida nas lutas do bairro.	Os membros das CEBs geralmente estão inseridos nos movimentos populares, muitos deles suscitados pelas comunidades.

Assim como do judaísmo bíblico emergiu a Igreja (cf. Rm 11, 11-24), de forma semelhante, agora da Igreja-sociedade surge a Igreja-comunidade. A velha cepa, sem esperança, tem suficiente seiva para ainda dar à luz um ramo novo, este sim portador de uma nova esperança. A Sara estéril tem direito, como diz a Bíblia, de sorrir, porque, apesar da idade, pode sempre conceber (cf. Gn 18, 12-15).

Por duas razões, o fenômeno das CEBs é de extrema relevância em termos da viabilidade histórica de uma alternativa ao poder eclesial vigente.

Em primeiro lugar, porque dentro da Igreja clerical existem setores que aceitam a emergência do fenômeno das CEBs, dão-lhe apoio e se sentem parte do processo de constituição de um projeto popular de Igreja. Aqui há distintos níveis de aceitação, mas vão de cardeais até leigos notáveis, quer dizer, pessoas e setores que detêm os critérios de legitimidade e de eclesialidade oficial (cardeais, bispos, conferências episcopais, teólogos) empenham seu poder em reconhecer o caráter de Igreja às comunidades eclesiais. Elas são a verdadeira Igreja na base, e não apenas grupos com elementos eclesiais, dentro da cultura popular e no universo dos oprimidos e marginalizados.

Esse argumento é forte. Mas sozinho não é decisivo. Pois a Igreja não se basta a si mesma. Esse fenômeno intra-eclesial pode provocar uma ruptura, um cisma ou um paralelismo de modelos. Daí a importância do segundo ponto, vale dizer, da articulação das CEBs com o movimento popular. A base social da Igreja-comunidade é a mesma do movimento social. São os pobres de massa, conflitivos, que compõem um e outro fenômeno. A força maior não está apenas nas CEBs, mas na sua capacidade de articulação com outras forças populares. Dentro da comunidade, os professantes querem viver uma comunidade fraternal (no sentido de M. Weber) e, dentro dos movimentos, querem ajudar na construção de uma democracia de base, mais participativa e respeitadora das diferenças, associada à busca crescente de igualdade. Há aqui uma conaturalidade de perspectivas, de sonho e de utopia, guardado sempre o alcance distintivo do ideal religioso que implica a ressurreição da carne e a vida eterna, coisa que nenhum processo social pode prometer. Por isso, falamos de conaturalidade, e não de mera identificação. Mas se trata de um único movimento de transformação, que começa na história e a ultrapassa infinitamente.

Esse modelo de Igreja se articula, portanto, com as classes subalternas. Seus interesses objetivos vão na linha da libertação, como as CEBs também almejam. Então, o projeto eclesial libertador se acopla com a libertação econômica, política e cultural como expressão do novo sujeito histórico: os pobres e oprimidos organizados.

Está em curso, portanto, a construção de um novo consenso eclesial feito pelas CEBs com seus aliados da Igreja clerical e pelas articulações que elas entretêm com o movimento popular de cunho libertário. O consenso se dá ao redor desta convicção: no centro da ação da Igreja devem estar os oprimidos e marginalizados (como fenômeno coletivo, em termos de classes dominadas, raças humilhadas, culturas desprezadas, setores subalternizados, como as mulheres, ou grupos discriminados, como os hansenianos e aidéticos, entre outros). Não como objeto da ação de clérigos que optaram por eles, ou da generosidade beneficente, mas nada participativa, da estrutura clerical. Mas como sujeitos de construção de um jeito popular de ser Igreja e sujeitos de transformação de relações sociais.

Tendencialmente, as CEBs estão ganhando autonomia ideológica, ou seja, estão elaborando uma concepção teológica consistente e autônoma da Igreja, de sua relação com o sonho de Jesus, o Reino, de sua função libertadora do lado dos oprimidos e marginalizados, e a partir deles aberta a todos e às distintas culturas. Isso é fruto da leitura da Bíblia, da apropriação da reflexão teológica a partir da prática na comunidade eclesial e nos movimentos sociais, da espiritualidade de compromisso e de libertação que está sendo gestada. Mas isso é apenas tendencial. Há contradições, espírito de repetição do discurso do agente, socialização mal elaborada do novo modo de ser Igreja como rede de comunidades. Mas é inegável que aponta algo de novo. É frágil. Mas tem a força das raízes finíssimas que haurem a seiva profunda que alimenta a castanheira majestosa da Amazônia. Portanto, as CEBs estão grávidas de promessa e de esperança de que uma alternativa de poder eclesial não é impossível.

Nesse novo modo de ser Igreja, não se trata de negar a figura do bispo, do sacerdote e do religioso/religiosa. Trata-se de superar um modelo de exercício dessas funções por meio da troca de lugar social (do lugar hegemônico para o lugar subalterno, com o sentido de construir uma nova hegemonia) e inaugurar um estilo novo de agente eclesial, dentro da comunidade, e não acima dela, sentindo-se parte de um todo, e não parte diante do todo outro

Em face desse desafio de consolidação da autonomia, revela-se importante a presença dos intelectuais orgânicos. Primeiramente, os internos e os produzidos pela própria comunidade. Depois, os externos, que engrossam o projeto popular da Igreja. Eles (cardeais, bispos, padres, teólogos, profissionais portadores de um saber específico) podem ajudar na elaboração de uma concepção homogênea do mundo, da sociedade e da Igreja, a partir da ótica os oprimidos que buscam a libertação. Sem a colaboração e cumplicidade deles, a alternativa popular corre o risco de ser deslegitimada, exorcizada e destruída. Ou simplesmente será cooptada, trazendo, inegavelmente, reformas valiosas para a Igreja clerical, mas mantendo a estrutura de poder clerical, elitista, discricionária e culturalista. Assim, abortar-se-ia uma chance histórica única.

Estratégias e táticas a usar na resistência e no avanço do projeto popular de Igreja

O projeto popular de Igreja está hoje ameaçado pela Igreja clerical. Esta, habilmente, entendeu o risco que significa para o exercício tradicional do poder o novo consenso eclesial baseado não no clero (sociedade hierarquizada), mas na comunidade fraternal. Não precisamos enumerar as várias estratégias da Cúria Romana para desestabilizar a Igreja na base e para reforçar o eixo clerical. Seus estrategistas o fazem com inesgotável boa vontade. Estão certos de que cumprem uma missão divina. Sentem-se defensores do povo fiel indefeso, porque o consideram ignorante e sem capacidade de elaborar reflexivamente a própria fé e dar razões de sua esperança. Destruir a outra alternativa pela desmoralização simbólica, pelo ataque a seus agentes, pela deslegitimação de sua teologia, pela punição exemplar de algumas figuras, é, para a Igreja clerical, virtude do verdadeiro apóstolo e do bom pastor. E usurpam para si o título de novo Crisóstomo, Agostinho redivivo.

Bem dizia Pascal: nunca o mal é tão bem feito quando vem feito com boa vontade. Por causa desse equívoco, Jesus foi crucificado, e antes dele todos os profetas foram chacinados. Hoje, essa lógica perversa continua. A Igreja clerical está fazendo muitas vítimas e provocando sofrimento injusto. Centralizada em si mesma e em seu próprio poder, ela é uma expressão daquilo que Paulo chama a carne. A carne traz a morte (Rm 8, 6; Gl 6, 8). A carne não entende as coisas do Espírito (Rm 8, 5). E as CEBs significam a Igreja que nasce da fé do povo pelo Espírito de Deus, e não pelo poder de dominação e imposição imperial ou clerical. Para entender esse evento do Espírito, a Igreja clerical precisa ser espiritual. Mas somente o será sob a condição de não ser mais clerical, para ser comunial, participativa e pericorética (inter-retrorrelacionada), como o mistério da Trindade santa, o protótipo derradeiro de toda convivência da diferença e da unidade.

A estratégia principal da Cúria Romana será cooptar as CEBs dentro do quadro da Igreja clerical. Isso significará um processo de paroquialização das CEBs e, assim, sua subordinação ao pároco, único portador de poder e dos critérios de eclesialidade. Dessa forma, elas deixarão de ser alternativas ao poder vigente. Assim como para os estratos modernos da sociedade existem os movimentos laicais – muitos deles transnacionalizados, como o Opus Dei, Focolari, Comunhão e Libertação –, para os estratos "pré-modernos e pobres" existem as CEBs e as pastorais sociais da Igreja-grande-instituição. Dificilmente a Cúria romana faria uma condenação das CEBs, pois implicaria ferir o próprio corpo na medida em que atingiria cardeais e bispos. Ora, estes são como canhões. Produzem grandes estragos. Eles podem produzir uma hierarquia paralela e diferente. Por isso, devem ser, o mais possível, respeitados, poupados, cooptados ou isolados. O caminho não será de provocar um cisma, mas de garantir o caráter dependente e associado do catolicismo latino-americano. A Igreja deverá continuar a ser uma Igreja-fonte, com o rosto das raças e culturas que aqui vicejam.

Em face dessa estratégia, devemos saber atuar politicamente, na perspectiva do espírito das bem-aventuranças e no horizonte de uma espiritualidade pascal que aprende das crises e se fortalece nas perseguições.

Em primeiro lugar, importa continuar a penetração no continente dos pobres e permitir que eles construam o projeto popular de Igreja; a partir dessa inserção, explorar tudo o que no direito canônico atual se abre para a participação dos leigos e dos presbíteros na formulação da pastoral. Crescer, portanto, para o fundo.

Em segundo lugar, faz-se mister fortalecer os aliados, fazendo com que mais e mais intelectuais orgânicos se incorporem à Igreja de base. Crescer, portanto, para os lados.

Em terceiro lugar, é urgente garantir que mais e mais bispos e setores da Igreja clerical sejam convertidos para a causa evangélica dos pobres e oprimidos (lembremo-nos do nº 8 da *Lumen gentium*). Estes são aliados contraditórios, porque vivem uma cumplicidade dolorosa, mas são imprescindíveis no processo de legitimação e consolidação de um novo modo de ser Igreja. Crescer, portanto, para cima.

Em quarto lugar, garantir sempre a articulação da Igreja da base com outras Igrejas. O ecumenismo enriquece a perspectiva evangélica e protege contra as investidas da grande instituição clerical. Especialmente no aspecto das celebrações eucarísticas, essa articulação com outras Igrejas que também possuem celebrações da ceia do Senhor se mostra libertadora. Os católicos participam da celebração. Quem poderá negar que aí não está sacramentalmente o Senhor?

Em quinto lugar, é imperioso manter sempre uma viva articulação com o movimento social libertário. Importa arrebatar o evangelho como inspiração para a insurreição e a libertação da velha e perversa ordem que tantas iniqüidades perpetrou na história e que soube cooptar para si o poder da Igreja como aparelho de legitimação de seus ideais e interesses. Os sonhos de libertação não são monopólio das esquerdas indiferentes, gnósticas ou atéias. É um imperativo da memória perigosa e provocadora de Jesus e de seus discípulos. Nas CEBs lateja a força iracunda e terna, ao mesmo tempo, dessa utopia do profeta de Nazaré, que era o Filho de Deus encarnado, na nossa miséria. A inclusão do social no projeto popular de Igreja dará força ao novo consenso eclesial.

Em sexto lugar, é decisivo não cair na tentação de institucionalizar as CEBs, como subdivisões das paróquias. Elas não são um movimento na Igreja, mas a Igreja toda em movimento. Caso contrário, elas ficariam configuradas num quadro canônico tradicional e perderiam sua originalidade. Elas devem continuar como dinâmica que penetra todo o tecido eclesial. Elas não são apenas uma configuração nova de poder e de maneira distinta de ser Igreja. Constituem também um espírito comunial e participativo que pervade todos os espaços eclesiais e sociais.

Em sétimo lugar, importa sermos realistas. A Igreja-sociedade é muito forte. Ela atende, por sua organização, às demandas dos cristãos que procuram a salvação individual, sem se preocuparem com a comunidade e com a responsabilidade pela natureza e pelo futuro da Terra. Ela é funcional ao sistema liberal e de acumulação privada. Esse tipo de Igreja criou sua justificativa dogmática, canônica e litúrgica. Devemos partir do pressuposto de que poderá durar por séculos e até, quem sabe, chegar ao Juízo Final. Mas isso não nos deve levar ao desânimo. Ao lado, junto dela, mas sem romper com ela, surge uma Igreja-comunidade que atende, com outro espírito, às demandas religiosas das pessoas, particularmente aquelas que guardam uma referência explícita com a utopia de Jesus e dos apóstolos.

Esse modelo de Igreja é, por sua vez, funcional a uma sociedade democrática, participativa e de linha popular.

Importa que a teologia e os cristãos legitimem teologicamente esse novo modo de ser comunial de Igreja e o justifiquem diante do outro modo de ser societário de Igreja. Impedir que a perseguição que o modelo societário organiza contra o modelo comunitário seja demolidora e alcance deslegitimar e impossibilitar sua viabilidade histórica.

Por fim, é importante viver uma perspectiva espiritual. O Espírito inabita o mundo e está presente em todos os processos de mudança que apontam para o novo. Esse Espírito sopra hoje a partir da lixeira humana. É nessa fraqueza que revela sua força histórica, como na imagem eloqüente do profeta Ezequiel, dos ossos que se revestem de carne nova e fazem o povo prostrado reviver (Ez 37, 1-14).

Se, apesar de todo o esforço fracassar o projeto popular de Igreja, não será por falta do empenho de cristãos lúcidos e ousados. O sonho de Jesus continuará um sonho. Sonhado pelo indivíduo e por uma Igreja clerical que oferece a salvação individual, transformar-se-á numa frustração histórica. Sonhado junto, em mutirão, como cantam as CEBs, será uma grande libertação. O sonho de Jesus não pode continuar sonho. Deve fazer-se força histórica para os que precisam de libertação e que se organizam para traduzi-la em práticas produtoras de vida.

Conclusão: O sentido transformador da crise

Tempos de crise são tempos de transformação e de criação. É o que sugere a palavra crise em seu sentido originário sânscrito – *kir* ou *kri* –, que significa limpar e depurar, donde nos vêm as palavras crisol (cadinho onde o ouro é purificado). As crises depuram. Tudo o que é acidente e enfeite não resiste e cai. Só permanecem a substância e o cerne. Estes têm a força irradiadora do cristal. Com eles se pode construir uma nova forma e ensaiar uma nova aventura civilizacional.

Atualmente, tudo está em crise, as instituições geradoras de sentido, como as religiões e as filosofias, as instâncias políticas, os modelos econômicos, as organizações mundiais, como a ONU e o FMI, e principalmente a ética. Tal fato pode ser lido na ótica catastrofista, da dissolução, da desordem e do caos. E há boas razões para isso, pois a situação dos povos e das nações testemunha incomensurável padecimento. Mas essa leitura só é verdadeira em parte, pois capta a superfície do fenômeno, como quem olha o fermentar do mosto das uvas amassadas. Aí apenas se vê o fervilhar dos elementos, a borra no fundo e o rejeito na superfície. Mas é o processo necessário para a depuração do vinho precioso. Sem esse acrisolamento não haverá vinho.

Algo semelhante ocorre com a crise generalizada que atinge todo o planeta, todas as instâncias e todas as pessoas. Tudo está em processo de acrisolamento, de libertação e de transformação. Trata-se da crise própria das travessias: do local para o global, da nação para o planeta, do indivíduo para a humanidade, da humanidade para a comunidade biótica (dos seres vivos), da comunidade biótica para a Terra, da Terra para o cosmos e do cosmos para a Fonte Originária de todo o ser e o devir, Deus. Mas essa travessia aponta para uma ordem mais alta, mais complexa e mais carregada de sentido globalizador. Somente agora a libertação é integral, pois é global.

A história da Terra e da espécie homo, sábio e demente, testemunha uma cadeia dessas crises de travessia, crises fenomenais que assolaram um e outro e, por vezes, quase os dizimaram. Mas sempre subsistiram. E mais: Terra e ser humano saíram das crises purificados, num estágio mais alto de evolução e com mais chances de vida e de desenvolvimento.

Seguindo essa lógica, sairemos acrisolados da presente crise mundial. Há indicadores que apontam para uma única república mundial, uma geossociedade, com mais senso de partilha, de compaixão e reverência. Será a era ecozóica, a era da volta de todos os exílios na direção da única casa comum, o planeta Terra, onde os humanos terão de aprender, e aprenderão, a conviver uns com os outros, diferentes e unidos na mesma humanidade, com os demais seres vivos na grande comunidade biótica e com todos os elementos da natureza terrenal e cósmica.

As reflexões que fizemos vêm perpassadas por essas idéias, sonhos e utopias. Temos a convicção de que elas representam o que deve ser. E o que deve ser tem a força irresistível da primavera quando madurou o tempo de sua irrupção. Então nos sentiremos ligados e re-ligados uns aos outros, como filhos e filhas do arco-íris, que sobre todos se estende e a todos abraça e abençoa.

Bibliografia

Parte 1

Crítica à pós-modernidade e resgate da subjetividade

ANZENBACHER, A. *Einführung in die Ethik*. Düsseldorf, 1992, pp. 197-200.

BARCELLONA, P. *Postmodernidad y comunidad: el regreso de la vinculación social*. Madrid, 1992.

BLANCO, J. A. *Tercer Milenio: una visión alternativa de la posmodernidad*. La Habana, 1994.

CONNOR, S. *Cultura pós-moderna: introdução às teorias do contemporâneo*. São Paulo, 1993.

FEATHERSTONE, M. *Cultura global: nacionalismo, globalização e modernidade*. Petrópolis, 1994.

FÜSSEL, K. SÖLLE & D. STEFFENSKY, F. *Die Sowhl-als-auch-Falle*. Luzern, 1933.

GIDDENS, A. *As conseqüências da modernidade*. São Paulo, 1991.

HYSSEN, A. & SCHERPE, K.R. *Postmoderne. Hamburg: Zeichen eines Kulturellen*. Wandels, 1986.

JAMESON, F. *Postomodernism: or the cultural logic of late capitalism*. N. York, 1984.

LYOTARD, J. F. *La condición postmoderna*. Madrid, 1987.

KAPLAN, E. A. *O mal-estar no pós-modernismo: teorias e práticas*. Rio de Janeiro, 1993.

KEMPER, P. *Postmoderne oder Der Kampf um die Zukunft. Kontroverse in Wissenschaft, Kunst und Gesellschaft*. Frankfurt, 1988.

KÜNG, H. *De la modernidad a la postmodernidad, em proyecto de una ética mundial*. Madrid, 1991, pp. 17-41.

PAIVA, J. *A revolução na pós-modernidade- a subjetividade e a nova civilização*. Fortaleza, 1996.

POSTMA, N. *Wir informieren uns zu Tode e Wir amüsieren uns zu Tode*. Die Zeit, n° 42, 1992, p. 62.

SANTOS, B. S. *Pela mão de Alice: o social e o político na pós-modernidade*. São Paulo, 1995.

THIELEN, H. *Além da modernidade?: para a globalização de uma esperança conscientizada*. Petrópolis, 1998.

TOURAINE, A. *Crítica da modernidade*. Petrópolis, 1994.

WELLMER, A. *Zur Dialektik von Moderne und Postmodserne*. Frankfurt, 1985.

ELSCH, W. *Wege aus der Moderne: schlüsseltexte der postmoderne-diskussion*. Weinheim, 1988.

Refundação da dignidade humana a partir da nova cosmologia

DAVIES, P. *Deus e a nova física*. Lisboa, 1988, pp. 83 e ss.

BATESON, G. *Steps on Ecology of Mind*. N. York. 1972. Toda a IV parte.

MORIN, E. *La méthode: la vie de la vie*. Paris, 1980, pp. 414 e ss.

CAPRA, F. *O ponto de mutação*. São Paulo, 1986, pp. 259 e ss.

_______. *A teia da vida*. São Paulo: Cultrix, 1998.
RUYER. R. *A gnose de Princeton*. São Paulo, 1989. pp. 62 e ss, 143 e ss.
PRIGOGINE, I & STENGESRS I. *La nouvelle alliance*. Paris, 1986. pp. 7-53; 353-93.
BERRY, T. *O sonho da terra*. Petrópolis, 1992. pp. 29 e ss.
WEBER, R. *Diálogos com cientistas e sábios*. São Paulo, 1988. pp. 121 e ss; 223 e ss.
TIEZZI, E. *Tempi storici/tempi biologici*. Milão, 1989. pp. 46-81.
WEIL. P. *A consciência cósmica*. Petrópolis, 1978. pp. 29 e ss.
HEISENBERG. W. *Física e filosofia*. Brasília, 1987.
_______. *O todo e a parte*. Rio de Janeiro: Contraponto, 1997.
CREMA, R. *Introdução à visão holística*. São Paulo, 1988. pp. 59 e ss.
ZOHAR, D. *O ser quântico*. São Paulo, 1991. pp. 89 e ss.
_______. *QS: Inteligência espiritual*. Rio de Janeiro, 2002.

O masculino no horizonte do novo paradigma civilizacional
BENNHABIB, S. & CORNELL, D. *Feminismo como crítica da modernidade*. Rio de Janeiro, 1993.
BIEHL, J. G. *De igual para igual*. Petrópolis, 1987.
BOECHAT, W. (org.). *O masculino em questão*. Petrópolis, 1998.
BOFF, L. *O rosto materno de Deus*. Petrópolis, 1995.
______ *O feminino e o Espírito Santo*. Petrópolis, 1987.
DALY, M. REINE LUST. *Elemental-feministische Philosophie*. Munique, 1986.
DIRANI, Z. *O despertar da mulher é o despertar do homem*. Petrópolis, 1986.
GARRY, ANN & PEARSALL, M. *Women, Knowledge and Reality*. Boston, 1989.
GUTIÉRREZ, R. *O feminismo é um humanismo*. Rio de Janeiro, 1985.
NEUMANN, E. *Die grosse Mutter*. Zurique, 1965.
NOBLE, D. F. *A World without Women*. N. York, 1993.
NOLASCO, S. *A desconstrução do masculino*. Rio de Janeiro, 1996.
RAE, E. *Women, the Earth, the Divine*. N. York, 1994.
RUETHER, R. R. *Women Healing Earth*. N. York, 1996.
SEABRA, Z. & MUSZKAT, M. *Identidade feminina*: Petrópolis, 1985.
SHIVA, V. *Sopravivere allo svilupo*. Turin: ISEDI, 1990.
SIÖÖ, M & MOR, B. *The Great Cosmic Mother: rediscovering the Religion of the Earth*. San Francisco, 1991.
VÁRIOS AUTORES: *Homem e Mulher: uma relação em mudança*. Rio de Janeiro: Centro Cultural Banco do Brasil, 1995.

Consciência negra e processo de libertação
ALGRANTI, A. M. *O feitor ausente*. Petrópolis: Vozes, 1988.
ASSOCIAÇÃO ECUMÊNICA DE TEÓLOGOS DO TERCEIRO MUNDO. *Identidade negra e religião*. São Paulo: CEDI, Ed. Liberdade, 1986.
AZEVEDO, Th. *Democracia racial*. Petrópolis: Vozes, 1975.
BERNO, Z. *A questão da negritude*. São Paulo: Brasiliense, 1984.
BEOZZO, O. *Situação do negro na sociedade brasileira*. Petrópolis: Vozes, 1984.
_____. *Igreja e escravidão. História da Igreja do Brasil*. Petrópolis; Vozes, 1980, pp. 257-95.
CHALHOUB, S. *Visões da liberdade: uma história das últimas décadas da escravidão na corte*. São Paulo: Companhia das Letras, 1990.
COMISSÃO DE ESTUDOS DE HISTÓRIA DA IGREJA NA A. LATINA (Cehila). *Escravidão negra e história da Igreja na A. Latina e no Caribe*. Petrópolis: Vozes, 1987.
ELBEIN DOS SANTOS, J. *Os nagô e a morte*. Petrópolis: Vozes, 1977.

FERNANDES, F. *O negro no mundo dos brancos*. São Paulo: Difel, 1972.
GORENDER, J. *O escravismo colonial*. São Paulo: Ática, 1978.
_____. *A escravidão reabilitada*. São Paulo: Ática, 1978.
LOPES, H. T. *et alii*. *Negro e cultura no Brasil*. Rio de Janeiro: Unesco/ Unibrade, 1987.
MOURA, C. *História do negro brasileiro*. São Paulo Ática, 1989.
______. *Sociologia do negro brasileiro*. São Paulo: Ática, 1988.
______. *Quilombos, resistência ao escravismo*. São Paulo: Ática, 1987.
NASCIMENTO, A. *O quilombismo*. Petrópolis: Vozes, 1980.
______. *O negro revoltado*. Rio de Janeiro: GRD, 1968.
REIS, J. J. & SILVA, E. *Negociação e conflito: a resistência negra no Brasil escravagista*. São Paulo: Companhia das Letras, 1990.
RIBEIRO, D. *O povo brasileiro: a formação e o sentido do Brasil* São Paulo: Companhia das Letras, 1995.
SODRÉ, M. *O terreiro e a cidade*. Petrópolis: Vozes, 1988.
SUES, P. *Manoel Ribeiro Rocha. Etíope resgatado*. Petrópolis: Vozes, 1992.
VAINFAS, R. *Ideologia e escravidão*. Petrópolis: Vozes, 1986.

Parte 2

Que Igreja queremos? O projeto popular de Igreja
BALDISSERA, A. *CEBs, poder, nova sociedade*. São Paulo: Paulinas, 1988.
BOFF, C. *Comunidade eclesial: comunidade política*. Petrópolis: Vozes, 1978
BOFF, L. *Eclesiogênese: as CEBs reinventam a Igreja*. Petrópolis: Vozes, 1977.
_____. *Uma alternativa de poder na Igreja? A Igreja e o exercício do poder.* Org.: Maria Helena Arrochellas. Rio de Janeiro: ISER, 1992, pp. 57-70
BETTO, Frei. *As CEBs e o projeto político popular*. REB, 1986, pp. 578-89.
FOLLMANN, J. I. *Igreja, ideologia e classes sociais*. Petrópolis: Vozes, 1985.
GALEA, J. *Uma Igreja no povo e pelo povo*. Petrópolis: Vozes, 1983.
HEBBLETHWAITE, M. *Base Communities*. Londres: Geoffrey Chapman, 1993.
INSTITUTO NACIONAL DE PASTORAL. *Comunidades eclesiais católicas: resultados estatísticos*. Petrópolis: Vozes, 1995.
LIMA, L. G. DE SOUZA. *Evolução política dos católicos e da Igreja no Brasil.* Petrópolis: Vozes, 1979.
______. Comunidades eclesiais de base e organização política: notas. *Revista Vozes,* 1980, pp. 61-82.
MADURO, O. *Religião e luta de classes*. Petrópolis: Vozes, 1978.
_____. *Oprimidos: opção pela Igreja*. REB, 1981, pp. 643-59.
OLIVIERI, G. *Novas formas de ser Igreja*. Andradina: Novas Formas Editorial, 1995.
PERANI, C. *CEBs: um novo sujeito popular*. Rio de Janeiro: Paz e Terra, 1984.
PORTELLI, H. *Gramsci e a questão religiosa*. São Paulo: Paulinas, 1984.
ROLIM, F. C. *Religião e classes populares*. Petrópolis: Vozes, 1985.
_______. *Max Weber e sua proposta de Comunidade Fraternal*. REB, 1986, pp. 795-813.
SANCHEZ, W. L. *CEBs: avanços e obstáculos dentro de um projeto popular de Igreja*. São Paulo: PUC, 1989.
TEIXEIRA, F. L. C. *A gênese das CEBs no Brasil: elementos explicativos.* São Paulo: Paulinas, 1988.
VELASCO, R. *La Iglesia de Jesús*. Estella Verbo Divino, 1992. pp. 109-115.

CONHEÇA OUTROS TÍTULOS DE LEONARDO BOFF

O Senhor é meu Pastor

Leonardo Boff nos oferece uma nova dimensão ao salmo do bom pastor e do hospedeiro generoso, ajudando-nos a assimilar uma mensagem que inspira, através dos séculos, pessoas de todas as tradições religiosas.

Transparente e comovedor, *O Senhor é meu Pastor* nos mostra que o medo é o reflexo da condição humana, feita de esperanças, desamparo e busca por conforto. Nós nos desesperamos achando que estamos abandonados, até que a força da fé transforma nossos sentimentos.

A oração de São Francisco

Leonardo Boff transporta a oração de São Francisco para o mundo atual e conta a origem da oração, definindo a paz a que ela se refere, as causas que atentam contra a harmonia no mundo e a maneira de ser um autêntico instrumento de paz. Depois da leitura desse livro, sempre que pronunciarmos a oração, o nosso apelo estará fortalecido pelo espírito que fez desse santo um símbolo dos sonhos de felicidade e realização humana acalentados no fundo de nossos corações.

Ecologia: grito da Terra, grito dos pobres

Considerado um dos livros mais importantes da carreira de Leonardo Boff, *Ecologia: grito da Terra, grito dos pobres* oferece ao leitor uma visão crítica das várias correntes ecológicas – ambiental, mental, social e integral –, discutindo seus pressupostos filosóficos, culturais e espirituais.

Por abordar questões ligadas à ecologia, à justiça social e à espiritualidade nesse livro, Leonardo Boff foi agraciado em 2001, em Estocolmo, na Suécia, com o Prêmio Nobel Alternativo da Paz.

Ethos mundial

O tema desse livro é a necessidade de uma ética mundial fundada em consensos mínimos, como a erradicação da miséria, a eliminação das armas atômicas e um pacto de convívio e harmonia entre as religiões e culturas.

Um dos mais importantes pensadores cristãos da atualidade no campo da religião, da crítica social e da ecologia, Leonardo Boff reflete sobre essas questões e propõe um pacto planetário pela paz, pela justiça e pela solidariedade.

Civilização planetária

O processo de crescente globalização em todas as esferas da vida representa uma nova fase da evolução do ser humano e do próprio planeta Terra. As perplexidades atuais derivam do fato de que ninguém pode dizer para onde caminha o processo de globalização.

Esse livro procura situar essas questões e lançar uma reflexão sobre o futuro comum. Traz a esperança de que a humanidade faça uma travessia bem-sucedida rumo a uma civilização mais integrada humana e espiritualmente.

Tempo de transcendência

"Creio que a transcendência é talvez o desafio mais secreto e escondido do ser humano. Ele se recusa a aceitar a realidade na qual está mergulhado porque se sente maior do que tudo o que o cerca.

Com seu pensamento, ele habita as estrelas e rompe todos os espaços. Essa capacidade é o que nós chamamos de transcendência, isto é, transcende, rompe, vai para além daquilo que é dado. Numa palavra, eu diria que o ser humano é um projeto infinito."

Leonardo Boff

Inclui CD com palestra do autor

INFORMAÇÕES SOBRE OS PRÓXIMOS LANÇAMENTOS

Para receber informações sobre os próximos lançamentos da EDITORA SEXTANTE, queira entrar em contato com nossa Central de Atendimento, dando seu nome, endereço e telefone para:

EDITORA SEXTANTE
Rua Voluntários da Pátria, 45 – Gr. 1.404 – Botafogo
22270-000 – Rio de Janeiro – RJ
Tel.: (21) 2286-9944 – Fax: (21) 2286-9244
DDG: 0800-22-6306 (ligação gratuita)
E-mail: atendimento@esextante.com.br

Para saber mais sobre nossos títulos e autores, e enviar seus comentários sobre este livro, visite o nosso site:

www.sextante.com.br